BIBLIOTHÈQUE DES ROMANS

ROMANS, CONTES, NOUVELLES ET VOYAGES

50 CENTIMES

60 CENTIMES pour la province

UN

MYSTÈRE DE FAMILLE

PAR XAVIER DE MONTÉPIN

Première partie. — LES AMOURS MAUDITS.

LÉCRIVAIN ET TOUBON, LIBRAIRES
5, RUE DU PONT-DE-LODI, 5
PARIS — 1860

C.

UN
MYSTÈRE DE FAMILLE

PAR X. DE MONTÉPIN

PREMIÈRE PARTIE.

LES AMOURS MAUDITS

I

DEUX HEURES DU MATIN.

L'obscurité était profonde.

Deux heures du matin venaient de sonner.

Les grondements de plus en plus éclatants du tonnerre, les lueurs de plus en plus vives des éclairs, annonçaient l'approche d'un violent orage, ou plutôt d'une véritable tempête.

Ceci se passait dans la nuit du 20 septembre de l'année 1820.

De lourds et gigantesques nuages noirs couraient comme des chevaux de bataille sur la surface du firmament et mettaient un voile épais entre les clartés de la lune, les scintillements des étoiles et la surface de la terre qu'enveloppaient des ténèbres insondables.

Par instants, les brusques zigzags d'un éclair fulgurant jetaient, au milieu de l'obscurité, une nappe de lumière blanche et éblouissante.

Alors on apercevait les masses imposantes du château de Vezay, vieille et splendide habitation seigneuriale qu'entourait d'une façon toute princière un parc de deux cents arpents.

Parc et château se trouvaient situés dans la partie la plus pittoresque et la mieux accidentée du riche et beau pays qu'on nomme la Touraine.

C'est dans l'intérieur de ce château que nous allons prier nos lecteurs de vouloir bien nous accompagner.

1

Il était, nous le répétons, deux heures du matin, et ceci se passait pendant la nuit du 20 septembre 1820.

Une seule des quatorze fenêtres qui perçaient à chaque étage la large façade de pierre de taille était éclairée.

C'était la fenêtre de la bibliothèque.

Et encore, la faible lueur qui scintillait à travers son vitrage se voilait de minute en minute et semblait en quelque sorte intermittente.

Ceci provenait de ce qu'un homme de haute taille, qui se promenait à grands pas dans la pièce en question, interceptait la clarté chaque fois qu'il passait entre la lampe et la fenêtre.

Ce quelqu'un était le comte Charles-Henri-Ludovic de Vezay.

M. de Vezay, gentilhomme de vieille et bonne race, âgé, à cette époque, de quarante ans environ, grand et maigre, et d'une tournure remarquablement distinguée, ne pouvait point passer pour un beau cavalier; mais il avait en lui ce je ne sais quoi qui plaît d'abord et qui décèle aux regards les moins expérimentés l'homme du monde et le grand seigneur.

Les cheveux, naturellement bouclés sur son front haut et fier, étaient d'un noir sans mélange.

De grands yeux d'un bleu pâle, et un nez long et mince, qui rappelait vaguement par sa courbure un peu exagérée la forme du bec d'un oiseau de proie, étaient les traits les plus saillants d'un visage osseux, fortement coloré, et auquel les pommettes saillantes donnaient ce type celtique et cette physionomie à demi sauvage qu'on retrouve chez la plupart des habitants du bourg de Batz, cet étrange village voisin du Croisic, en Bretagne.

En ce moment le comte était pâle.

La contraction violente de ses traits, ses sourcils froncés au-dessus de ses yeux étincelants, l'expression farouche de ses lèvres, annonçaient qu'il était livré à quelque violente émotion.

Par moments, un sourire vague et presque sinistre effleurait les coins de sa bouche décolorée.

Nous avons déjà dit qu'il se promenait dans la bibliothèque, pièce immense, entourée de hautes et larges armoires encombrées de livres de toutes les époques et de tous les formats.

Le costume du comte de Vezay répondait bien au désordre momentané de son allure et de sa physionomie.

Ce costume consistait en une veste de chasse de drap vert, dont les boutons portaient en relief des têtes de loups et de sangliers.

Sous cette veste, un gilet de piqué blanc, fripé et entr'ouvert, laissait voir une chemise de batiste, dont le jabot, tordu sans doute par une main convulsive, était déchiré par places.

La tête du comte était nue.

Il ne portait pas de cravate, et le col de sa chemise retombait irrégulièrement sur sa veste de chasse.

Son pantalon de nankin des Indes s'ajustait sur un soulier caché à demi par une guêtre pareille au pantalon.

Soudain, le comte s'arrêta brusquement.

Il pencha la tête et prêta l'oreille.

Un bruit, presque indistinct, et cependant perceptible pour son oreille de chasseur, arrivait jusqu'à lui.

On eût dit le pas lent, furtif, étouffé à dessein, de quelqu'un qui s'efforce de passer inaperçu.

Le comte attendit un instant.

Puis, quand il fut bien certain de ne s'être pas trompé, il se rapprocha vivement de la porte.

Au moment où il s'apprêtait à l'ouvrir, il s'arrêta de nouveau.

Un coup, extrêmement léger, fut frappé depuis le dehors contre cette porte.

— Entrez, murmura le comte.

Un nouveau-venu pénétra aussitôt dans la bibliothèque.

Ce nouveau-venu, qui mérite les honneurs d'une rapide description, était un homme de haute taille, un peu plus âgé que M. Vezay.

Ses cheveux épais, très-crépus, et jadis d'un blond équivoque, grisonnaient déjà sur les tempes et au sommet du crâne.

Une épaisse couche de hâle rendait basané, comme celui d'un Indien, son visage aux traits durs, recouverts d'une peau rugueuse.

D'épaisses moustaches ombrageaient sa lèvre supérieure, et une barbe d'un brun rougeâtre couvrait toute la partie inférieure de sa figure.

Somme toute, l'impression produite à la première vue par cet individu devait être et était réellement très-désagréable, et un examen plus approfondi augmentait cette répulsion au lieu de la diminuer.

En effet, le regard du personnage que nous mettons en scène était un de ces regards faux et fuyants qui dénotent rarement des instincts honnêtes et une bonne nature.

Un jury composé des plus inoffensifs bonnetiers du monde se serait senti disposé à condamner ce nouveau-venu, rien que sur sa mine.

Aussitôt qu'il eut pénétré dans la bibliothèque, il s'arrêta.

De la main gauche, il ôta respectueusement sa casquette de cuir bouilli, faite en forme de cône tronqué.

De la main droite, il appuyait sur le parquet la crosse d'une courte carabine à canon rayé.

La façon de sa jaquette verte, ses hautes guêtres de cuir écru, montant plus haut que le genou, et surtout la plaque armoriée qui s'attachait à son bras gauche, indiquaient que ce personnage était un subalterne, appartenant, sans doute en qualité de garde-chasse, à la domesticité du château.

Ces indices n'étaient point trompeurs.

C'était bien un garde-chasse, en effet.

Il referma la porte derrière lui.

Puis, après avoir salué, ainsi que nous l'avons dit, il attendit, immobile, muet, impassible.

— Ah! murmura M. de Vezay, ah! c'est toi… enfin, Caillouët…

— Oui, monsieur le comte, c'est moi…

— Tu viens de la porte du parc?

— Oui, monsieur le comte.

— Ainsi, tu étais à ton poste?

— Comme toujours.

— Depuis quelle heure?

— Depuis onze heures du soir.

— Y a-t-il du nouveau?

— Il y en a.

— Ah! s'écria le comte avec un tressaillement brusque et une plus terrible contraction des traits du visage.

Mais quelques secondes lui suffirent pour dominer complétement cette émotion.

Il reprit, quoique d'une voix moins assurée:

— Tu as vu quelqu'un?

— Oui, monsieur le comte…

— Quelqu'un qui entrait dans le parc?

Le garde-chasse fit un signe affirmatif.

— Furtivement? poursuivit le comte.

— Comme un braconnier ou comme un voleur.

— Et qui n'était cependant ni un braconnier ni un voleur? murmura M. de Vezay.

— Ni l'un ni l'autre, répondit le garde.

— Tu l'as suivi?

— Oui, monsieur le comte.

— Jusqu'où?

— Jusqu'au château.

— Tu sais où il est en ce moment?…

— Je le sais.

— Et… c'est?…

— C'est dans la chambre de madame la comtesse… répondit sans la moindre hésitation celui que le comte appelait Caillouët.

M. de Vezay poussa un cri de rage et de douleur, pareil à ce qui s'échappe de la gorge d'un homme que vient de frapper une balle en pleine poitrine.

Il se laissa tomber sur le siége qui se trouvait le plus près de lui.

Il cacha son visage livide entre ses deux mains crispées.

Quelques larmes coulèrent, une à une, entre ses doigts.

Le garde-chasse le suivait du regard.

Chose étrange!… loin de compatir à cette poignante souffrance, à cet indicible désespoir, Caillouët, sûr de n'être pas vu, souriait amèrement.

Et il y avait dans le sourire de cet homme quelque chose de bizarre, d'effrayant, de profondément sinistre.

Depuis le commencement du dialogue que nous avons rapporté, M. de Vezay interrogeait avec une répugnance visible, avec des angoisses manifestes.

Le garde-chasse, au contraire, par ses réponses laconiques et brusquement coupées, semblait forcer volontairement son maître à continuer, à redoubler ses questions..

Le comte releva la tête.

Sa pâleur était plus livide encore que l'instant d'auparavant.

Il se tourna vers le garde-chasse.

— Caillouët?... lui dit-il d'une voix basse, brisée, presque suppliante.
— Monsieur le comte? demanda son interlocuteur.
— Es-tu certain... es-tu bien certain de ne t'être point trompé?...
— Oh! certain.
— Cependant, la nuit?...
— Qu'importe la nuit? J'ai de bons yeux, et d'ailleurs je suis comme les loups et les renards, j'y vois aussi clair dans les ténèbres qu'en plein midi.
— Allons! balbutia le comte en se parlant à lui-même, impossible de douter!...
Le garde-chasse avait entendu.
— Oh! impossible, répéta-t-il.
— Et, dis-moi, cet homme, qui s'est introduit furtivement dans le parc et dans le château, cet homme que tu soutiens être, en ce moment, dans la chambre de... de madame la comtesse, as-tu vu son visage, Caillouët?...
— Comme je vois le vôtre...
— Et tu connaissais ce visage?...
— Je le connaissais.
— Alors, tu sais le nom de cet homme?...
— Parfaitement.
M. de Vezay se leva, saisit le garde-chasse par le poignet, et, d'une voix étranglée, il s'écria :
— Quel est-il?...
Caillouët dégagea son poignet, que le comte meurtrissait sans s'en douter.
Puis il répondit :
— Cet homme est le vicomte Armand de Villedieu.
Ce nom ouvrit sans doute une nouvelle blessure dans le cœur déchiré de M. de Vezay.
Pendant deux ou trois secondes, ses traits convulsionnés décelèrent une atroce angoisse.
— Mon ami intime... presque mon frère!... murmura-t-il.
— Votre ami intime, répéta Caillouët.
Les ongles de M. de Vezay labouraient sa poitrine.
Quand il retira sa main, une large tache rose empourpra la fine toile de sa chemise.
Mais, presque aussitôt, l'expression de sa physionomie se modifia.
Un calme terrible sembla remplacer sans transition l'orage qui venait de gronder dans son cœur, dans son âme et dans sa tête.
Il se remit à interroger.
Mais, maintenant, sa voix ne tremblait plus.

II

LE CHOIX D'UNE ARME.

— Caillouët, demanda M. de Vezay, par où le vicomte de Villedieu s'est-il introduit dans le parc?
— Par la petite porte qui se trouve à côté du pavillon de chasse.
— Cette porte était fermée, cependant?
— Oui, et à double tour.
— Le vicomte avait donc une clef?
— Sans doute, puisqu'il est entré.
— Était-il seul?
— Je ne crois pas.
— Explique-toi.
— Au moment où M. de Villedieu repoussait la porte derrière lui, j'ai entendu deux chevaux hennir et frapper du pied de l'autre côté du mur d'enceinte. Or, de ce qu'il y avait deux chevaux, je conclus qu'il devait y avoir un domestique.
— C'est juste. Ton raisonnement est logique, Caillouët...
Caillouët ne savait point ce que voulait dire le mot *logique*.
Il ne répondit pas.
Le comte poursuivit :
— Une fois M. de Villedieu dans le parc, tu l'as suivi?
— Oui, monsieur le comte.
— Que s'est-il passé?
— Le vicomte s'est mis à marcher très-vite, dans l'allée droite qui mène au château.
« Le bruit de ses pas se perdait dans le bruit du tonnerre.
« Il était enveloppé d'un manteau sombre, et il rasait les massifs d'arbres en marchant; si bien que, sans la lueur des éclairs qui me le montrait de temps en temps, je n'aurais pas su s'il avait passé devant moi ou s'il était resté en arrière...
— Et ensuite?
— Ensuite, il est arrivé devant l'aile gauche, là où se trouve la porte de l'escalier dérobé qui conduit aux appartements de madame la comtesse...
— Avait-il aussi une clef de cette porte-là?
— Non.
— Alors, qu'a-t-il fait?
— Il a mis ses deux mains devant sa bouche, et il a poussé un cri faible et prolongé, qui ressemblait si fort à l'appel d'un oiseau de nuit, que j'y ai été trompé d'abord...
— Ah!...
— Mais ce cri s'est renouvelé trois fois de suite, et j'ai bien vu que c'était M. le vicomte qui donnait un signal...
— Après?
— La fenêtre s'est ouverte.
— Laquelle?
— Celle du milieu du grand balcon. J'ai entrevu, dans l'obscurité, une forme indistincte qui semblait se pencher, comme pour voir au travers des ténèbres...
« M. de Villedieu, lui aussi, a vu cette forme.
« Il a murmuré tout bas :
« — Oui, c'est moi...
« Quelque chose a froissé la muraille en se déroulant.
« M. de Villedieu s'est élancé, et, l'instant d'après, il franchissait le balcon...
— On lui avait jeté une échelle de corde, n'est-ce pas?
— Oui.
— Tu t'en es assuré?
— Oui. Je me suis approché de la muraille, j'ai allongé ma main, j'ai touché la corde flottante.
— C'est bien, dit M. de Vezay, c'est bien, Caillouët, tu es un ami dévoué, un bon et fidèle serviteur...
Un nouveau sourire se dessina sur les lèvres du garde-chasse.
Ce sourire était plus sinistre encore et plus menaçant que celui dont nous avons déjà parlé.
Mais il s'effaça presque aussitôt et sans avoir été remarqué par le comte.
M. de Vezay garda le silence pendant deux ou trois minutes.
Il semblait réfléchir profondément.
Puis il continua :
— Prends cette lampe, Caillouët, dit-il.
Le garde-chasse obéit.
— Éclaire-moi.
Caillouët souleva la lampe.
— Passe en avant.
Caillouët fit un pas.
— Où allons-nous? demanda-t-il.
— Dans ma chambre à coucher.
Le garde-chasse connaissait le chemin.
Il ouvrit la porte d'un couloir dans lequel il s'engagea.
Ce couloir conduisait à l'appartement particulier de M. de Vezay.
Le comte, précédé par Caillouët, pénétra dans une grande pièce somptueusement meublée, mais d'un aspect sombre et sévère.
Le lit, de style moyen âge, placé sur une estrade à laquelle on arrivait en franchissant trois marches, était en chêne sculpté, à colonnes torses et à baldaquin.
De lourdes tentures en lampas, de couleur feuille-morte, cachaient à moitié ce lit et retombaient devant les fenêtres.
Les sièges, hauts fauteuils à dossiers armoriés, étaient, comme le lit, en chêne sculpté.
Une boiserie, également de chêne, à larges panneaux, recouvrait les murailles.
Dans chacun de ces panneaux se voyaient de magnifiques trophées d'armes de toutes les époques et de tous les pays.
Il y avait la lance, la masse d'armes et la dague du temps de la chevalerie.
Il y avait le cimeterre moresque, le cris malais, le kandjar indien ;
La carabine à rouet, l'arquebuse, le mousquet, le tromblon ;
Les fusils modernes des meilleurs arquebusiers de Londres et de Paris, des pistolets d'arçon, de tir et de poche.
Puis, enfin, au milieu d'une foule d'autres armes dont l'énumération deviendrait trop longue, des épées, des poignards, des couteaux de chasse.
Le comte s'approcha d'un trophée.
— Caillouet, répéta-t-il, éclaire-moi.
La clarté vive de la lampe fit jaillir des milliers d'étincelles

de l'acier bruni des épées, des lames courtes, triangulaires et damasquinées, des stylets, des poignées enrichies d'or et de rubis des sabres arabes.

M. de Vezay examina longuement ces armes.

Sans doute il était indécis à l'endroit du choix qu'il convenait de faire parmi ces richesses meurtrières.

Enfin, il se décida.

Il choisit du regard deux épées de combat, solides, bien en main, bien affilées.

Il les détacha du faisceau.

Caillouët le regardait faire.

Et, tout en le regardant, il fronçait le sourcil et haussait imperceptiblement les épaules.

M. de Vezay examina longuement la pointe et la garde des épées.

Cet examen fut satisfaisant.

Il mit ses deux armes sous son bras, et il fit signe à Caillouët de reprendre le chemin de la bibliothèque.

Mais le garde-chasse ne bougea pas.

— Eh bien! dit M. de Vezay, ne me comprends-tu point?
— Je vous comprends parfaitement.
— Qu'attends-tu donc?

Le garde-chasse, à son tour, parut hésiter.

Mais cette hésitation dura peu.

— Monsieur le comte, dit-il résolûment, une question...
— Une question?
— Oui.
— Laquelle?
— Qu'est-ce que vous voulez faire de ces joujoux-là?

Et Caillouët désignait les épées.

— Tu me le demandes? répliqua le comte avec un étonnement non dissimulé.
— Dame, oui.
— Je pensais, pourtant, que tu saurais deviner...
— Eh! c'est justement parce que j'ai peur de deviner, que j'interroge.
— Crois-tu donc que le vicomte Armand de Villedieu sortira du parc comme il y est entré, sans me trouver sur son passage?
— Non, de par tous les diables!... je n'en crois rien!...
— Et tu ne comprends pas à quoi me serviront ces épées?...
— Oh! que si fait!
— Eh bien?
— Eh bien! ce sont de bons pistolets qu'il vous faut et non point ces petits outils...
— Des pistolets?
— Mon Dieu, oui.
— Et pourquoi?
— Parce qu'une balle de plomb frappe plus sûrement qu'une lame d'acier...
— Oui, mais l'on ne peut guère se battre au pistolet dans les ténèbres...
— Se battre? répéta Caillouët, de l'air d'un homme qui n'a pas compris.
— Sans doute, se battre.
— Quoi!... s'écria le garde-chasse, vous comptez vous battre avec M. de Villedieu?...
— Jusqu'à la mort de l'un de nous!...

Caillouët haussa de nouveau et plus énergiquement les épaules.

— Monsieur le comte, dit-il avec un accent d'une étrange amertume, qui fit tressaillir M. de Vezay, le vicomte de Villedieu vous a trompé, n'est-ce pas?
— Tu le sais bien, Caillouët!... répondit le comte d'une voix sombre.

Le garde-chasse poursuivit:

— Il vous a volé, n'est-ce pas, votre honneur et votre bonheur?
— Oui, mon honneur... et mon bonheur aussi... tu dis vrai, Caillouët...
— La blessure est profonde et cruelle, et vous souffrez beaucoup, n'est-ce pas, monsieur le comte?...
— Oui, beaucoup, murmura le comte, dont l'angoisse augmentait à chacune des paroles de Caillouët.
— Eh bien! continua ce dernier, dont les regards lancèrent des éclairs fauves, quand un homme vous a fait tant de mal, et quand cet homme est à votre merci, on ne se bat pas avec lui... on le tue!...
— Un assassinat!... s'écria M. de Vezay.
— Non, monsieur le comte, répondit Caillouët, une vengeance!
— C'est lâcheté!...
— C'est justice!...
— Assez, Caillouët!... assez!...
— Monsieur le comte, j'irai jusqu'au bout!... Cet homme vous prend ce que vous avez de plus cher au monde!... il vous vole le repos de vos nuits... l'espoir de votre vieillesse... le cœur de votre femme... cet homme est un voleur, et l'on tue un voleur!

Tandis que le garde-chasse parlait ainsi, sa voix mordante et saccadée semblait fouetter M. de Vezay au visage.

Le comte paraissait chancelant.

Il pâlissait et rougissait tour à tour.

Enfin il dit, ou plutôt il balbutia ces paroles presque indistinctes:

— Peut-être as-tu raison, Caillouët... mais, vois-tu, je ne pourrais jamais... non, jamais... frapper par derrière un ennemi désarmé...
— Comme vous voudrez, monsieur le comte, répondit froidement le garde-chasse.

Et, sans ajouter un seul mot à tout ce qu'il avait dit précédemment, il rouvrit la porte du couloir, et, suivi de M. de Vezay, il reprit le chemin de la bibliothèque.

Là, Caillouët replaça la lampe sur la table où il l'avait prise.

Il alla chercher sa carabine, qu'il avait posée dans un coin, et il attendit.

Cinq minutes s'écoulèrent dans un profond silence.

— Va, dit ensuite M. de Vezay, je te suis...
— Où allons-nous?
— A la porte du parc.

Caillouët marcha en avant.

Au moment où les deux hommes, après avoir traversé un long corridor et descendu un escalier dérobé, quittaient le château pour entrer dans le parc, l'orage, un moment suspendu, recommençait avec une violence inouïe.

Les vieux arbres séculaires, heurtés les uns contre les autres par le choc de la tempête, qui les ployait comme des roseaux, entre-choquaient leurs branches, qui retombaient brisées et jonchaient le sol de leurs débris.

On entendait les peupliers et les bouleaux craquer et se rompre sous les efforts de la tourmente.

Le bruit sourd de leur chute gigantesque sur la terre humide se distinguait même au milieu des grandes clameurs de la nature en convulsions.

Le tonnerre grondait sans relâche.

Des éclairs incessants déchiraient les nuées.

Le ciel tout entier, semblable à une fournaise rougie à blanc, offrait le magique et effrayant spectacle d'un immense incendie.

— Quelle nuit!... quelle nuit terrible!... s'écria le comte malgré lui.
— L'esprit du mal règne en maître dans la tempête! répondit tout haut le garde-chasse.

Et, tout bas, il ajouta:

— Oh! oui, c'est une nuit terrible!... terrible, mais propice aux sinistres secrets qu'elle devra garder!

Cependant, M. de Vezay avait quitté le seuil de la petite porte du château.

Il s'efforçait de traverser l'esplanade découverte, et il luttait contre l'orage de tout son pouvoir.

Mais si grande, si impétueuse était la violence du vent, qu'il ne pouvait avancer que bien lentement et pas à pas.

Enfin le comte et le garde-chasse atteignirent les massifs, puis le mur d'enceinte.

Grâce à l'abri de sa haute maçonnerie, qui faisait obstacle à la violence de la tempête, ils atteignirent le pavillon de chasse voisin de la petite porte par laquelle M. de Villedieu s'était introduit.

En ce moment, un éclair fulgurant sillonna le ciel, comme l'épée de l'ange exterminateur.

En même temps, retentit un coup de tonnerre pareil à la décharge simultanée de vingt pièces de canon.

Une colonne de feu sembla s'écrouler sur le parc, et la foudre tomba à dix pas du comte et de Caillouët, en dehors du mur d'enceinte.

III

LA BIENVENUE.

A ce coup de tonnerre infernal répondirent des hennissements d'angoisse et de terreur.

Puis, à ces hennissements succéda le bruit du galop impétueux de deux chevaux qui s'enfuyaient à travers la campagne.

— Caillouët, entends-tu? demanda le comte au garde-chasse.

— Parfaitement, répondit ce dernier.

— Qu'est-ce donc que ce bruit?

— Les chevaux de M. de Villedieu ont pris peur et s'échappent...

Caillouët ne se trompait pas.

Epouvantés par la foudre, qui venait de tomber à leurs pieds, les chevaux du vicomte s'étaient enfuis, affolés de terreur, frappés de vertige, emportant le domestique qui, monté sur l'un d'eux, tenait l'autre par la bride.

Pendant un instant encore, on put distinguer, à travers les fracas de la tempête, le sourd retentissement de leur galop qui s'éloignait.

Puis un cri traversa l'espace.

Un seul.

Mais, terrible, suprême, appel de désespoir et d'agonie.

Puis, plus rien!

Plus rien que le bruissement des rafales, le choc des arbres fracassés, les coups de tamtam du tonnerre.

— Oh! oh! fit Caillouët.

— Quoi donc? demanda le comte.

— Il vient d'arriver un malheur.

— Tu crois?

— J'en suis sûr.

— Où donc?

— Là-bas.

Et Caillouët désigna du geste le point de l'horizon d'où le cri d'angoisse était parti.

— Ce malheur, demanda M. de Vezay, ce malheur, quel est-il?

— La Loire est escarpée et profonde, répondit le garde-chasse; la nuit est bien noire... les chevaux avaient bien peur...

Caillouët s'interrompit et prêta l'oreille pendant un instant.

Puis il reprit, d'une voix sombre :

— Aucun des êtres vivants partis cette nuit du château de Villedieu n'y retournera ce matin...

M. de Vezay poussa un soupir et ne répondit point.

— Tant mieux, après tout, poursuivit le garde-chasse d'un ton plus bas, tant mieux!... il ne restera pas de témoins des choses qui vont se passer cette nuit...

Et, après avoir ainsi parlé, Caillouët enfonça sur ses yeux sa casquette en cuir bouilli.

Il s'appuya sur le canon de sa carabine et il resta immobile et muet..

M. de Vezay, adossé à l'un des montants de pierre de la petite porte, s'absorbait dans une rêverie profonde et désolée.

Quand un éclair jetait en passant sur son front sa lueur brillante et fugitive, on aurait pu lire sur son visage plus de tristesse encore que de colère.

De temps en temps une larme furtive se faisait jour entre ses paupières à demi fermées.

Alors ses lèvres répétaient tout bas et avec une profonde et indicible amertume :

— Oh! Marguerite!... Marguerite!...

Mais si bas que M. de Vezay eût prononcé ce nom, Caillouët l'entendit une fois.

Il releva la tête.

Ses narines se gonflèrent.

Tout son visage prit une expression presque féroce.

Ses dents, blanches, écartées comme celles d'un loup, mordirent sa lèvre jusqu'au sang.

Son regard étincela dans la nuit.

Il hocha sinistrement la tête, et il murmura d'une voix basse et indistincte :

— Marguerite et Suzanne!... Vezay et Caillouët!... deux amours! deux trahisons! deux vengeances!...

. . . .

Une heure s'écoula.

Une heure longue comme un jour, comme une année, comme un siècle!...

Pendant les soixante éternités de cette heure interminable, M. de Vezay éprouva toutes les tortures qu'il est donné à l'âme humaine de souffrir!...

Pendant cette heure, il ressentit, pour la première fois, les morsures aiguës, déchirantes, envenimées du serpent de la jalousie, dont les dents de flammes s'enfonçaient dans les parties les plus vivaces, les plus douloureuses de son cœur.

Une diabolique et désespérante hallucination lui montrait sa femme, sa Marguerite bien-aimée, celle que, la veille encore, il croyait fidèle et chaste entre toutes les épouses, la lui montrait, disons-nous, abandonnée aux bras d'un autre, folle de désirs, ivre d'amour, livrant avec ardeur sa bouche fraîche et souriante aux lèvres avides d'un amant!...

C'était à n'y pas croire!

Et comme l'évidence était là, terrible, irrécusable, foudroyante, c'était à en mourir!...

Marguerite, femme adultère!

Marguerite, portant dans son sein un enfant, fruit d'un amour maudit!...

Marguerite!... cette Marguerite aux cheveux blonds, aux yeux d'azur, au front pur et candide, au regard virginal!..

En elle, tout était trompeur!...

Le regard mentait!

Le front mentait!...

La bouche mentait!...

L'ange était un démon!...

Voilà ce que se disait M. de Vezay, et à mesure que ses pensées traversaient son cerveau comme un ouragan de feu, la livide pâleur de son visage augmentait, sa main froissait convulsivement les gardes des deux épées, l'inextinguible soif de la vengeance entrait de plus en plus dans son âme.

Soudain Caillouët se rapprocha de son maître.

Il lui toucha doucement le coude.

M. de Vezay, arraché ainsi à sa douloureuse rêverie, tressaillit.

— Quoi? demanda-t-il, que veux-tu?

Caillouët appuya un doigt sur sa bouche.

Et comme le comte pouvait n'avoir pas vu ce geste expressif, il ajouta tout bas :

— Silence!...

M. de Vezay se pencha vers Caillouët.

Il approcha sa bouche de l'oreille du garde-chasse, et il demanda tout bas :

— Qu'y a-t-il donc?

— Écoutez.

M. de Vezay prêta l'oreille.

Quand les grandes voix de la tempête se taisaient pendant une seconde, on entendait un bruit léger.

Ce bruit, c'était celui d'un pas insoucieux qui faisait, en s'approchant, craquer le sable des allées.

Le cœur du comte cessa de battre.

— C'est lui, dit Caillouët.

Les pas devenaient plus distincts.

— Dans une demi-minute il sera ici, reprit le garde-chasse.

En même temps, comme pour confirmer les dernières paroles de Caillouët, la foudre gronda et un éclair sillonna toute l'étendue du firmament.

A sa lueur passagère, mais éblouissante, on put voir un homme, enveloppé jusqu'aux yeux dans un manteau de couleur sombre, qui se dirigeait du côté de la petite porte du parc.

L'éclair s'éteignit.

L'obscurité redevint compacte.

Mais depuis plus d'une heure que M. de Vezay attendait, ses yeux avaient acquis la faculté de distinguer les objets malgré les ténèbres.

La demi-minute était écoulée.

Le comte saisit les deux épées dans sa main gauche et marcha droit au nouveau-venu, qui ne le voyait pas.

Au moment de se croiser avec lui, il s'arrêta, et il lui posa sa main droite sur l'épaule.

L'étranger se croyait tellement certain d'être seul à cette heure de la nuit et dans cette petite portion du parc, que ce contact imprévu lui arracha un cri de surprise.

Mais il se remit aussitôt.

Il plongea sa main sous le revers de son habit; il en tira un petit pistolet tout armé, et, en dirigeant le canon contre M. de Vezay, il dit d'une voix menaçante :

— Au large!... ou vous êtes mort!...

Le comte, lui, avait vu le geste du nocturne visiteur..

Il recula d'un pas.

Mais, par un héroïque effort, il était parvenu à se rendre maître à tel point de lui-même et de son émotion, qu'il répondit, avec le plus grand sang-froid et d'une voix parfaitement calme et naturelle :

— Je pense, monsieur le vicomte, que cette menace n'est

pas sérieuse... Un coup de pistolet troublerait le plaisir si vif que j'éprouve à vous souhaiter la bienvenue...

M. de Villedieu reconnut à l'instant même la voix de celui qui lui parlait ainsi.

Il fit un bond en arrière, comme s'il venait de marcher sur un serpent.

— Vous, monsieur le comte!... s'écria-t-il machinalement, vous!... ici!...

— Vous y êtes bien, répondit M. de Vezay; est-il étonnant que j'y sois aussi?...

Le vicomte avait complétement perdu la tête.

Il s'efforçait, mais en vain, de rassembler ses idées et de se mettre au niveau de la situation...

Situation difficile et épineuse, s'il en fut, nous ne pouvons en disconvenir.

Mais le désordre et la confusion régnaient en maîtres dans son cerveau.

Il ne put que balbutier, d'une voix à peine distincte, ces mots, du sens desquels il n'avait certes point conscience :

— C'est que... je m'attendais si peu...

— A me rencontrer sur votre chemin?... acheva M. de Vezay, d'un ton dont il n'était point facile de discerner l'ironique amertume.

— Oui... monsieur le comte... murmura M. de Villedieu.

— En vérité?... quoi de plus naturel, cependant, et de quelle façon ma présence peut-elle vous surprendre?...

M. de Vezay se tut, comme s'il attendait une réponse à ces paroles.

Le vicomte garda le silence...

M. de Vezay continua :

— Le hasard est venu m'apprendre que vous étiez chez moi... et j'ai remercié ce hasard qui m'annonçait, à l'improviste, votre visite inattendue et inespérée...

« Vous aviez jugé convenable, monsieur le vicomte, d'entrer dans ma maison sans vous faire annoncer...

« En galant homme que je suis, j'ai cru devoir respecter le mystère dont vous vous entouriez... pour des motifs que j'ignore et que je ne cherche point à connaître...

« Mais je n'ai point voulu, cependant, vous voir quitter mon humble demeure sans vous exprimer tout le plaisir que j'aurais éprouvé à vous y recevoir *moi-même*... »

Le comte appuya sur ces deux derniers mots.

Il les *souligna*, en quelque sorte, d'une façon énergique et significative.

Puis il poursuivit :

— Or, je n'avais qu'un seul moyen de vous rencontrer... et ce moyen, c'était de me placer sur votre passage au moment de votre départ...

« Je savais que vous étiez entré dans le parc par cette porte...

« Il y avait donc quatre-vingt-dix-neuf chances sur cent que ce serait aussi par cette porte que vous sortiriez...

« C'est pour cela, monsieur le vicomte, que je suis ici et que j'ai l'honneur de vous répéter que je vous souhaite la bienvenue... »

Et, après avoir ainsi parlé, M. de Vezay s'inclina devant le vicomte.

Certes, ce dernier n'était ni un sot, ni un lâche.

La stupeur avait dans le premier moment, nous devons l'avouer, paralysé complétement toutes ses facultés.

Mais tandis que M. de Vezay lui adressait la parole, il était redevenu lui-même, et il avait compris à merveille tout ce qui se cachait de haine et de colère sous le ton calme et mesuré, sous les paroles douces et polies de son adversaire.

La vengeance du comte commençait.

Il venait de rendre M. de Villedieu ridicule à ses propres yeux.

Oui, ridicule, car le vicomte ne se dissimulait point que toute présence d'esprit, toute hardiesse d'à-propos lui avaient complétement manqué, et qu'il venait de se laisser écraser d'une façon complète par la supériorité morale de ce mari trompé par lui.

Or, en notre beau pays de France, on veut bien tromper un mari...

On veut bien que ce mari se fâche...

On veut bien lui donner ou recevoir de lui quelque vaillant coup d'épée...

Tout ceci est de bonne guerre.

Aucun Lovelace un peu bien situé ne refuse de subir les conséquences, parfois fâcheuses, d'une bonne fortune illicite...

Mais le séducteur ne pardonne point au pauvre mari de faire rejaillir sur lui la plus petite éclaboussure de ce ridicule dont il le couvre à belles mains !

IV

LES SERMENTS.

— Monsieur le comte, dit Armand de Villedieu, d'un ton simple et ferme, et avec une dignité naturelle, ma présence chez vous, à pareille heure et à votre insu, doit vous sembler une offense, je n'en disconviens point...

— Je suis heureux de voir que vous le comprenez, murmura M. de Vezay ironiquement.

Le vicomte reprit :

— Permettez-moi, cependant, de vous expliquer ma conduite, et, ensuite, je serai tout à vos ordres, quelle que soit la satisfaction que vous jugiez convenable d'exiger de moi...

— Vous désirez me donner des explications, monsieur le vicomte?... demanda M. de Vezay.

— Oui, monsieur.

— Votre conduite, je l'avoue, me semblait très-suffisamment claire... il paraît que vous en jugez autrement... enfin, soit !... Expliquez-vous donc, monsieur le vicomte, je vous écoute non-seulement avec attention, mais encore, je vous le jure, avec infiniment de curiosité.

Les paroles qui précèdent furent prononcées, comme tout ce que M. de Vezay avait dit jusque-là, avec un ton d'exquise politesse.

Mais, sous cette politesse, se devinaient sans peine la raillerie et l'amertume.

— Vous me faisiez l'honneur de m'appeler votre ami... murmura, non sans embarras, M. de Villedieu.

— C'est vrai... répondit le comte.

Et, après un silence, il reprit :

— Oui, je vous appelais mon ami, monsieur de Villedieu, et peut-être ce titre aurait-il dû prendre, à vos yeux, une certaine valeur, car je ne le prodiguais pas.

Le vicomte poursuivit, mais non sans un redoublement d'hésitation et d'embarras :

— J'étais reçu chez vous avec bienveillance...

— Mieux qu'avec bienveillance, monsieur... avec affection... interrompit le comte.

M. de Villedieu continua :

— Je voyais chaque jour madame de Vezay... et, admis dans la douce intimité d'une jeune femme aussi vertueuse que charmante, je ne fus maître ni de mon cœur ni de ma raison... je conçus pour elle une passion insensée...

— Ce récit m'intéresse vivement et cet aveu me charme!... s'écria le comte avec un sourire étrange. Continuez, monsieur, je vous en prie ! continuez...

— J'aurais dû m'éloigner... reprit M. de Villedieu, j'aurais dû fuir loin d'ici... m'exiler au bout du monde... L'honneur et la loyauté m'en faisaient une loi... je n'en eus pas le courage...

« Pendant longtemps, je cachai au plus profond de mon âme un amour sans espoir!...

— Sans espoir ! murmura ironiquement M. de Vezay... sans espoir !...

— Oui, certes ! répondit le vicomte ; est-ce que vous en doutez, monsieur ?...

— Mais un peu, je dois en convenir.

— Eh ! comment aurais-je osé faire l'aveu de cette passion coupable à la femme chaste et sainte qui porte votre nom ? Où donc aurais-je puisé cette audace impie ?... Je m'étais juré à moi-même que cet amour fatal garderait toujours le silence... et j'avais eu la force de me tenir parole...

— Ah ! vraiment !... s'écria le comte.

— Mais hier, poursuivit M. de Villedieu sans avoir paru entendre cette interruption ; hier, jour de malheur, un mauvais génie, un démon qui voulait ma perte, est venu troubler mon âme, embraser mes sens, égarer ma raison... j'ai oublié mon serment,.. Je suis devenu fou... oui, fou, car je n'ai point repoussé avec horreur la tentation abominable qui venait m'assaillir... je n'ai point chassé cette pensée infâme d'obtenir par la violence ce que je n'aurais osé demander à la séduction...

M. de Vezay sourit de nouveau et sa main droite froissa convulsivement la garde des épées.

Le vicomte Armand poursuivit :

— De semblables projets, inspirés par le démon lui-même, ne sont pas de ceux dont on diffère l'exécution...

« Cette fatale ivresse, dont je vous ai parlé tout à l'heure, me dominait d'ailleurs tout entier.

« Je me suis muni d'une échelle de corde...

« J'ai commandé mes chevaux...

« Je suis venu... venu malgré l'orage... malgré la foudre... malgré ces voix de la terre et du ciel qui me criaient que je marchais à un crime... que je courais à ma perte... et dont mon esprit aveuglé n'a pas voulu comprendre le langage...

« Je savais dans quelle partie du château se trouvait situé l'appartement de madame la comtesse.

« J'ai lancé mon échelle sur le balcon de cet appartement...

« L'esprit du mal me poussait toujours...

« J'ai pénétré, comme un misérable, comme un lâche, comme un bandit, dans la chambre où dormait votre femme... »

Une terrible contraction nerveuse changea, pendant une seconde, l'expression du visage de M. de Vezay.

Cependant, il n'interrompit point.

Le vicomte continua :

— Je touchais au but, monsieur le comte...

« J'allais devenir infâme...

« Heureusement, Dieu eut pitié de moi...

« Il me semble qu'un épais bandeau tombait de mes yeux; mon aveuglement moral cessa comme par enchantement...

« J'eus peur de l'action que j'avais déjà commise et qui me sembla hideuse.

« Je reculai avec épouvante devant le crime que je méditais...

« Je respectai le chaste sommeil de celle dont j'avais médité de faire ma victime...

« Je remerciai, du fond du cœur, ce Dieu qui permettait qu'il ne fût point trop tard... et je sortis, muet et tremblant, de cette chambre toujours pure, laissant votre femme endormie et entourée des anges du ciel qui venaient de la protéger et qui devaient sourire à ses rêves... »

M. de Villedieu avait achevé.

Il s'arrêta.

Le comte de Vezay sembla attendre pendant un instant.

Puis, voyant que son adversaire gardait le silence, il demanda :

— Est-ce tout, monsieur ?

— Oui, monsieur le comte, répondit M. de Villedieu; oui, c'est tout...

— Vous n'avez rien à ajouter ?

— Pas un mot.

— Rien à changer à votre récit ?

— Rien.

— Ainsi, vous êtes seul coupable ?

— Oui.

— Ainsi, la comtesse, *ma femme*, et M. de Vezay appuya sur ce mot, ainsi, la comtesse, *ma femme*, ignore votre amour ?

— Elle l'ignore.

— A plus forte raison, ne partage-t-elle pas cette passion qui ne lui a point été révélée ?...

— A plus forte raison, oui, monsieur.

— Ainsi, elle ne sait pas que vous vous êtes introduit, cette nuit, dans sa chambre pendant son sommeil ?

— Comment le soupçonnerait-elle, puisqu'elle ne s'est pas réveillée ?

— Alors, rien ne s'est passé entre la comtesse et vous qui puisse et qui doive changer en haine et en mépris mon respect et mon amour pour elle ?...

— Madame la comtesse est une sainte !... elle ne saurait être entourée de trop d'adoration et de trop de respect !...

M. de Vezay s'inclina.

Il y eut un instant de silence.

Ce silence fut rompu par le comte.

— Monsieur de Villedieu, demanda-t-il, tout ce que vous venez de me dire est-il bien vrai ?

— Je vous l'affirme.

— Vous me le jurez ?

— Je vous le jure.

— Sur votre honneur de gentilhomme ?

— Sur mon honneur de gentilhomme.

— Sur votre foi de chrétien ?

— Sur ma foi de chrétien.

— Sur l'honneur de votre mère ?

M. de Villedieu hésita avant de répondre.

Mais cette hésitation fut à peine perceptible, et il articula nettement :

— Sur l'honneur de ma mère, monsieur le comte, je vous le jure !...

Pour la troisième fois, un sourire sinistre se dessina sur les lèvres pâles de M. de Vezay.

— Monsieur Armand de Villedieu, reprit-il d'une voix toujours calme et d'un ton toujours mesuré, je vous le dis avec un regret profond, mais je dois vous le dire : votre honneur de gentilhomme, votre foi de chrétien et l'honneur de votre mère me semblent fort compromis...

— Compromis, monsieur !... s'écria le vicomte, compromis, dites-vous ?

— Mon Dieu, oui.

— Et pourquoi ?

— Pourquoi ? parce que vous venez d'étayer une triple fausseté par un triple serment !... parce que vous venez de mentir trois fois !...

— J'ai menti, moi ?

— Oui, monsieur, vous avez menti !

— En quoi, monsieur le comte ?

— En tout, monsieur le vicomte !

— Vous êtes fou, monsieur !...

— Non, monsieur, je ne suis pas fou, et je vais vous le prouver :

« Vous avez menti en disant que vous vous êtes introduit, cette nuit, dans le parc pour la première fois...

« Vous avez entre vos mains une fausse clef de la porte qui se trouve derrière nous, et cette clef vous a servi vingt fois, cent fois peut-être...

« Vous avez menti en disant que madame de Vezay ignorait votre amour et n'était point votre complice...

« Vous avez menti en disant que vous aviez pénétré dans son appartement pendant son sommeil et à son insu...

« Madame la comtesse vous attendait il y a deux heures...

« C'est elle qui, du haut de son balcon, vous a jeté l'échelle de corde qui devait vous conduire auprès d'elle...

« Enfin, vous êtes son amant, son amant dans toute la force du terme, et vous pouvez revendiquer mieux que moi la paternité de l'enfant qu'elle porte dans son sein...

« Vous voyez bien, monsieur le vicomte, que pour savoir le nombre de vos mensonges, il ne faudrait que compter vos paroles... »

M. de Vezay se tut.

C'est à peine si l'on aurait pu distinguer dans sa voix une intonation plus courroucée, tandis qu'il prononçait la longue tirade qui précède.

Seulement, son excessive pâleur et le frémissement involontaire de ses mains témoignaient de la violence surhumaine qu'il était obligé de se faire à lui-même pour paraître calme.

M. de Villedieu semblait accablé.

Il n'avait pas même pu réussir à sauver, par un pieux mais terrible mensonge, la femme qu'il aimait.

Il avait juré faussement par l'honneur de sa mère, et ce serment sacrilège avait manqué son but.

Et la comtesse de Vezay allait se trouver perdue, perdue par lui et à cause de lui !...

— Vous m'avez dit tout à l'heure, poursuivit le comte, qu'après m'avoir expliqué votre conduite, vous seriez à mes ordres... car je ne me trompe point, n'est-ce pas, et vous m'avez bien dit cela ?...

— Oui, monsieur le comte, je vous l'ai dit.

— Eh bien ! votre conduite est expliquée...

— Me voici à votre disposition.

— C'est bien.

— Je suis prêt à tout... j'attends ce que vous déciderez.

— Un duel est une triste réparation, je le sais, continua M. de Vezay, et ce prétendu jugement de Dieu se montre souvent bien injuste; cependant, il faut que je m'en contente, puisque je ne vous ai pas dit tout d'abord, ainsi que, certes, j'en avais le droit...

— Je n'ai pas besoin de vous dire, répondit le vicomte, que partout et toujours je serai à vos ordres...

— Comment l'entendez-vous, monsieur ?

— J'entends que je me trouverai au rendez-vous que vous m'assignerez.

— Vous n'aurez point à vous déranger pour cela... Nous allons nous battre...

— Ici ?

— Oui, ici.

— A cette heure ?

— A l'instant.

— Quoi, malgré la nuit ?

— Les éclairs nous serviront de flambeaux.

— Mais je n'ai pas d'armes.
— J'en ai, moi...
Et M. de Vezay montra les deux épées qu'il avait, jusqu'à ce moment, tenues sous son bras gauche.
Puis il ajouta :
— Le cas était prévu et je suis, comme vous voyez, homme de précaution.
— Mais, reprit le vicomte, il nous manque une chose indispensable...
— Quoi donc?
— Des témoins.
— A quoi bon des témoins?
— A constater qu'il y a eu duel, et non point assassinat...
— Eh bien! voici Caillouët, mon vieux serviteur, qui assistera au combat, et qui témoignera, au besoin, de la façon loyale dont les choses se seront passées.
— Soit! dit alors M. de Villedieu, qu'il en soit fait selon vos désirs, monsieur le comte...
— C'est bien le moins, n'est-ce pas, répondit M. de Vezay, c'est bien le moins que je vous tue, ou que je me fasse tuer par vous, à mon heure et sans sortir de mon parc?...
Et comme le vicomte ne répondait point, M. de Vezay poursuivit, en prenant les deux épées par la pointe et en en présentant les poignées à son adversaire :
— Vous plaît-il de choisir?...
— C'est inutile...
— Comment! inutile!
— Donnez-moi l'une de ces épées, au hasard...
— Non pas, ce ne serait point régulier. Vous devez prendre vous-même votre arme de combat ; d'ailleurs, ces épées sont de longueur égale, bien en main toutes deux ; la trempe en est pareille et la poignée semblable. Encore une fois, monsieur le vicomte, choisissez.
Armand de Villedieu prit une des épées.
— Avançons du côté du mur, s'il vous plaît, dit le comte ; au moins, nous y serons à l'abri des coups de vent et de cette pluie d'orage qui nous aveugle en nous fouettant dans les yeux.
Tout en parlant, M. de Vezay fit quelques pas vers la muraille de clôture.
Le vicomte le suivit.
Caillouët ne quitta point la place où il se trouvait, et d'où il avait assisté à tout l'entretien que nous venons de mettre sous les yeux de nos lecteurs.
Les deux adversaires se placèrent en face l'un de l'autre.
M. de Vezay ôta sa veste de chasse et la jeta à quelques pas de lui.
Le vicomte mit bas son habit.
Puis les deux hommes croisèrent, jusqu'à la garde, leurs épées.
Mais M. de Villedieu abaissa presque aussitôt la pointe de la sienne.
— Que faites-vous donc? s'écria le comte.
— Monsieur, répondit le vicomte, quoi que vous en ayez dit tout à l'heure, Dieu est juste, et j'ai la certitude qu'aujourd'hui son jugement est prononcé d'avance...
« Un pressentiment, qui ne me trompera point, me dit que je vais mourir. »
— Allons donc!... murmura M. de Vezay, croire aux pressentiments, c'est faiblesse ou folie!...
— Ni l'un ni l'autre, monsieur, et vous le verrez bientôt !
« Dans trois minutes, frappé par vous, je serai couché à cette même place où je suis debout.
« Or, ma conscience est chargée d'une lourde faute, et mon épouvante est grande en face de cette mort à laquelle je ne suis pas préparé.
« Si vous me pardonniez, monsieur le comte, vous que j'ai offensé si grièvement, j'aurais confiance en la miséricorde de Dieu devant qui je vais paraître, et je ne désespérerais pas de trouver grâce à ses yeux, puisque j'aurais trouvé grâce aux vôtres.
« Je me repens... et je vais mourir...
« Pardonnez-moi donc, pardonnez-moi, monsieur le comte...
« Je vous le demande humblement...
« Je vous le demande à genoux... »
Et, en effet, M. de Villedieu mit un genou en terre devant le mari trompé par lui et courba la tête.
M. de Vezay, surpris d'une demande à laquelle il s'attendait si peu, ne répondit pas d'abord.
Les yeux de Caillouët étincelaient dans la nuit.
— Va-t-il pardonner? murmura-t-il.
Et ses mains serraient convulsivement la crosse de sa carabine.

V

UN COUP D'ÉPÉE.

À coup sûr, il y avait dans l'âme de M. de Vezay une hésitation manifeste.
Mais elle fut de courte durée.
— Monsieur le vicomte, répondit-il d'une voix grave, et avec une expression bien différente du ton railleusement poli qu'il avait conservé jusque-là, je vous répète que je ne crois point aux pressentiments ; le dénoûment du combat qui va avoir lieu entre nous est un mystère pour moi comme pour vous, et le péril qui nous menace est égal pour tous les deux.
« Je sais que Dieu commande le pardon...
« Mais je sais aussi qu'il ne souffre point que l'adultère reste impuni. »
En entendant ces mots, le garde-chasse tressaillit.
Ses dents blanches et écartées, ses dents de bête fauve, s'entre-choquèrent sous ses lèvres crispées.
— J'avais une femme, poursuivit M. de Vezay, une femme en laquelle j'avais mis tout mon bonheur... à qui j'avais donné tout mon amour... et je croyais être aimé d'elle autant que je l'aimais moi-même.
— Mensonge!... mensonge !... murmura Caillouët.
M. de Vezay continua.
— Vous m'avez pris cette femme, qui était la mienne devant Dieu et devant les hommes !...
« Vous m'avez volé son âme et son amour !...
« Vous avez perdu mon bonheur !...
« Vous avez empoisonné mon avenir !...
« Et maintenant vous venez solliciter de moi, à genoux, un impossible pardon !...
« Ce pardon que vous demandez, monsieur le vicomte, ne comptez point l'obtenir...
« Quelle que soit l'injure que l'on ait eu à subir, on devrait l'oublier, sans doute.
« Mais ma vertu ne va point jusque-là !
« Que Dieu vous fasse grâce, s'il le veut... en chrétien que je suis, je vous conseillo de le lui demander, car, moi, je ne vous pardonnerai pas. »
Armand de Villedieu s'était relevé.
Son émotion était visible et profonde.
— En garde! dit M. de Vezay.
— Ecoutez... murmura le vicomte.
— Quoi donc encore? demanda M. de Vezay avec une impatience mal contenue.
M. de Villedieu désigna du geste le vêtement qu'il venait de jeter sur le sable humide de l'allée.
— Dans la poche de côté de cet habit, répondit-il, il y a un portefeuille... Ce portefeuille renferme quelques papiers de famille d'une certaine importance... Je souhaite que ces papiers ne soient point perdus...
« Si je succombe dans le combat qui va commencer, faites-les, je vous prie, remettre à mon fils... à ce pauvre enfant dont la mère est morte, et qui va se trouver orphelin...
« Ferez-vous cela, monsieur le comte ?
— Oui.
— Vous me le promettez?
— Je vous le promets.
— Merci, et maintenant, quand vous voudrez... me voici à vos ordres.
M. de Vezay ne se fit pas répéter une seconde fois ces paroles.
Au bout d'une minute, les deux épées s'engageaient de nouveau.
Le duel était commencé.
Ce fut un combat étrange que ce duel, et, certes, un spectacle émouvant et curieux.
L'orage avait redoublé de violence, comme s'il eût voulu jeter ses lueurs funèbres sur cette scène de mort.
Des éclairs continus rayaient le ciel dans tous les sens, et semblaient faire jaillir des flammes fugitives des lames qui s'entre-choquaient avec un grincement métallique.
Le comte et le vicomte avaient un sang-froid pareil.
Leur force à l'escrime était à peu près la même.
Plus d'une fois ils avaient tiré ensemble, ce qui fait que chacun d'eux connaissait à fond le jeu de son adversaire.

M. de Vezay attaquait avec ardeur, avec impétuosité, avec furie, mais avec une furie froide et qui excluait toute imprudence.

Armand de Villedieu, lui, employait toute sa science et toute son habileté à se défendre.

Son épée semblait former une muraille de vivant acier entre lui et entre l'épée du comte.

Seulement, il se contentait de parer, et il ne rendait jamais coup pour coup, attaque pour attaque.

On eût dit, et peut-être était-ce en effet la vérité, qu'il cherchait à défendre sa vie, mais qu'il avait résolu de respecter celle du comte.

Ce dernier ne tarda guère à s'irriter de cette glaciale résistance, qui ne prenait jamais l'offensive.

L'idée que M. de Villedieu le ménageait frappa tout à coup sa pensée et le mit hors de lui-même.

Il redoubla d'impétuosité, frappant sans relâche, et toujours vainement, et se découvrant avec une témérité folle qui le mettait à la merci du vicomte.

M. de Villedieu n'avait qu'à allonger le bras, dans un coup droit, pour frapper le comte en pleine poitrine.

Un mouvement de sa main, et M. de Vezay était un homme mort.

Ce mouvement, il ne le fit pas.

C'était un noble cœur que celui qui battait dans la poitrine de M. de Villedieu, et si ce gentilhomme avait commis une action déloyale, au moins il ne reculait point devant l'expiation.

Cependant, le combat devait avoir une fin.

Un moment arriva où, sur un coup droit de M. de Vezay, l'épée du vicomte vint trop tard à la parade.

Cependant, elle releva le fer qui devait traverser la poitrine de part en part.

Mais la pointe de l'épée ennemie heurta le crâne de M. de Villedieu et y pénétra profondément.

La main du vicomte s'ouvrit aussitôt.

Il lâcha son arme.

Il battit l'air de ses deux bras.

Puis il tomba à la renverse, en murmurant :

— Vous voyez bien que Dieu est juste !...

Ensuite, ses yeux se fermèrent, et il resta sans mouvement.

Le comte se pencha sur ce pauvre corps agonisant.

Il souleva cette tête pâle, d'où le sang s'échappait à flots.

Les lèvres de M. de Villedieu s'entr'ouvrirent.

Il murmura, mais d'une voix si faible qu'elle était presque complétement indistincte :

— Le portefeuille... le portefeuille... mon fils... n'oubliez pas... mon Dieu... pardon... je meurs.

Puis le bruit de ses paroles s'éteignit.

Ses lèvres cessèrent de se mouvoir.

Son souffle s'arrêta.

M. de Vezay écarta la chemise du vicomte et plaça la main sur son cœur.

Ce cœur ne battait plus.

— Il est mort ! dit-il lentement et en se levant, il est mort !... que Dieu ait son âme !...

———

Tandis qu'avait lieu la dernière partie de la scène que nous venons de raconter, voici ce qui se passait à quelques pas en arrière des deux acteurs principaux de cette scène.

Caillouët, nous le savons, assistait au duel comme unique témoin.

Nous savons aussi qu'il était muet, impassible, et appuyé sur sa carabine.

Tant qu'avait duré le combat, il avait attendu, immobile comme une statue de bronze sur son socle de granit.

Au moment où l'épée du comte blessait mortellement M. de Villedieu, Caillouët, attiré en quelque sorte par une invincible attraction, fit un pas en avant.

Ses lèvres s'entr'ouvrirent de nouveau, soulevées par un rictus de chat tigre.

Le vicomte tomba.

M. de Vezay tournait le dos à Caillouët.

Le garde-chasse, alors, releva lentement le canon de sa carabine.

Il épaula son arme avec soin et mit en joue son maître.

La main de Caillouët ne tremblait point.

Son cœur, nous pourrions l'affirmer, ne battait pas plus fort que de coutume.

Il appuya le doigt sur la gâchette et pressa la détente.

Le chien s'abattit sur la platine.

Des étincelles jaillirent du silex.

Mais aucune explosion ne suivit.

L'amorce même ne brûla pas.

La poudre était mouillée !...

Caillouët étouffa un cri de colère ; il comprima un jurement sourd qui montait de son cœur à ses lèvres.

Puis il prit sa carabine par le canon.

Il la fit tournoyer comme ces massues que les Indiens nomment casse-tête, et dont ils font une arme terrible, et il marcha sur M. de Vezay.

Le comte se penchait, en ce moment, vers le corps inanimé de celui qu'il venait de frapper.

Le bras de Caillouët se leva.

Une expression de haine farouche et inassouvie se peignit sur les traits rudes du garde-chasse.

L'arme meurtrière allait retomber !...

C'en était fait du comte !...

Soudain, l'expression de la physionomie de Caillouët se modifia.

— Non, murmura-t-il, pas ainsi, ce serait fait trop vite, il ne souffrirait pas assez.

Le bras du garde-chasse se détendit sans avoir frappé, et, de nouveau, il s'appuya sur sa carabine.

M. de Vezay se retourna, sans se douter du danger qu'il venait de courir.

— Caillouët, dit-il.

Le garde-chasse s'avança.

— Monsieur le comte ? demanda-t-il.

— Tu as tout vu, n'est-ce pas ?

— Tout.

— Que dis-tu de ce qui vient de se passer ?

— Je dis que vous êtes vengé, et que vous devez être content, monsieur le comte, car la vengeance est une bonne chose...

— C'est ton avis, Caillouët ?

— Oui, monsieur le comte.

M. de Vezay baissa la tête.

Le garde-chasse poursuivit.

— Est-ce que vous ne pensez pas comme moi ?

M. de Vezay fit un signe négatif.

Puis il répondit :

— Plus maintenant.

— Ah ! dit Caillouët, plus maintenant ?

— Non.

— Et pourquoi ?

— Parce que, maintenant, ma colère est passée, et je vois les choses telles qu'elles sont.

— Que voyez-vous, monsieur le comte ?

— Je vois que l'action que je viens de commettre est un crime !

— Un crime !... s'écria le garde-chasse.

— Un crime odieux, répéta M. de Vezay, odieux... et qui m'épouvante !

— Je ne vous comprends pas, monsieur le comte ! en quoi donc êtes-vous coupable ? Votre adversaire, votre ennemi a succombé, c'est vrai... mais c'était une des chances du combat... et ce combat, vous le savez aussi bien que moi, fut un duel loyal...

— Caillouët, ce combat fut un assassinat !...

— M. de Villedieu vous avait mortellement outragé.

— M. de Villedieu ne se défendait pas !...

— Erreur !

— Non, en vérité !... J'ai frappé un homme qui ne m'attaquait point !... je l'ai frappé sans péril pour moi !... je l'ai frappé comme un lâche !

— Monsieur le comte, que dites-vous ?... s'écria le garde-chasse. Au nom du ciel, revenez à vous-même !...

— Caillouët, reprit M. de Vezay, crois-moi, la vengeance est amère !... le remords la suit de bien près !...

« Cet homme, sachant bien qu'il allait me livrer sa vie, me demandait noblement un pardon qui rassurât son âme !...

« Ce pardon, je l'ai refusé !... j'ai eu tort, Caillouët !... Peut-être, un jour, demanderai-je pardon à mon tour.... et Dieu sera-t-il, lui aussi, sans pitié !...

M. de Vezay cacha son visage dans ses deux mains.

— Oui ! sans pitié !... vous l'avez dit, monsieur le comte ! murmura Caillouët, mais d'une voix si basse que son maître ne l'entendit pas.

. . . .

Il y eut alors, entre les deux hommes, un assez long moment de lugubre silence.

L'ouragan faisait trêve.

Le tonnerre s'affaiblissait en grondant sourdement au sein des nuées lointaines.

Quelques rares éclairs sillonnaient encore de loin en loin le ciel noir.

La pluie tombait en larges gouttes.

— Monsieur le comte, dit le garde-chasse.

M. de Vezay releva la tête.

— Que me veux-tu? demanda-t-il.

Caillouët indiqua de la main le cadavre qui gisait sur le sol, presque à ses pieds.

— Il est impossible, dit-il ensuite, il est impossible que ce corps reste là.

— Ce corps!... répéta M. de Vezay avec un tremblement nerveux, oh! mon Dieu, qu'allons-nous en faire?

— C'est ce que j'étais au moment de vous demander.

— Eh! le sais-je?

— Ainsi, monsieur le comte, vous n'avez aucun projet arrêté?

— Aucun.

— Pas même une idée?

— Pas une.

— Eh bien! moi, je crois que j'en ai une.

— Laquelle?

— Voulez-vous me permettre de vous dire ce que je suis d'avis que nous fassions?

— Non-seulement je te le permets, mais encore je t'en prie...

Caillouët s'éloigna de quelques pas.

Il prêta l'oreille, comme pour s'assurer qu'il était bien seul avec M. de Vezay.

Puis il revint auprès de son maître.

VI

LES TOMBEAUX.

— Voyons, s'écria le comte avec un peu d'impatience, voyons, que veux-tu me dire, Caillouët?

— Je veux vous dire, monsieur le comte, qu'il ne tient qu'à vous que tout ce qui vient de se passer ici reste éternellement enseveli dans de plus profondes et plus impénétrables ténèbres que celles de la nuit qui nous entoure.

— Comment cela? demanda M. de Vezay.

— Vous vous souvenez, monsieur le comte, de ces hennissements d'épouvante que nous avons entendus retentir en arrivant auprès de cette porte?...

— Oui! je m'en souviens! murmura le comte.

Le garde-chasse continua :

— Vous vous souvenez que vous m'avez dit :

« — Qu'est-ce donc que ce bruit, Caillouët? »

— Je m'en souviens, répéta M. de Vezay.

— Et je vous ai répondu :

« — Ce sont les chevaux de M. de Villedieu, qui ont pris peur et qui s'échappent. »

— Je m'en souviens, murmura le comte pour la troisième fois.

Le garde-chasse poursuivit :

— Un instant après, fit-il, un cri d'agonie parvenait jusqu'à nous, et je vous disais :

« Monsieur le comte, il vient d'arriver un malheur. La Loire est bien escarpée. La nuit est bien noire. Les chevaux ont bien peur! Aucun des êtres vivants partis cette nuit du château de Villedieu n'y retournera ce matin... »

— Oh! s'écria M. de Vezay, je n'ai rien oublié!...

— Eh bien! vous allez me comprendre... Quand viendra le jour, on trouvera sur les bords de la Loire les cadavres mutilés d'un homme et de deux chevaux. On reconnaîtra la livrée de M. de Villedieu. On croira que le maître a péri comme le valet. On ne soupçonnera point un duel; on supposera un malheur... Qu'en pensez-vous, monsieur le comte?...

— Tu oublies, Caillouët, qu'on n'aura trouvé qu'un corps...

— On dira que les profondeurs de la Loire ont gardé l'autre cadavre...

— Mais celui-ci? balbutia le comte en désignant du geste la dépouille inanimée de M. de Villedieu.

— Celui-ci? répondit le garde-chasse, celui-ci aura disparu.

— Disparu?

— Oui. Et pour toujours.

— Comment?

— Je m'en charge.

— Que veux-tu donc faire, Caillouët?

— Ce que je veux faire?

— Oui.

— Je veux, avec votre aide, transporter ce corps dans l'un de ces souterrains du château où se trouvent les sépultures de vos ancêtres, et où on ne pénètre jamais...

« Je veux soulever la pierre d'un tombeau...

« Sous cette pierre, enfin, je veux ensevelir ce cadavre...

Qui donc ira le chercher là?

— Sacrilége!... s'écria M. de Vezay en reculant avec une sorte d'horreur.

Caillouët haussa fort irrespectueusement les épaules.

— Aimez-vous mieux, demanda-t-il ensuite, aimez-vous mieux proclamer au grand jour le déshonneur de votre femme, votre honte et votre vengeance?... Vous êtes libre, monsieur le comte! c'est vous que cela regarde, après tout, et non pas moi...

Il y eut un instant de silence.

Puis, M. de Vezay répondit lentement :

— Tu as raison... je le sens bien...

— A'ors, agissons à l'instant.

— Mais, continua le comte, ta proposition m'a fait peur...

— Pourquoi donc?

— Est ce au meurtrier d'ensevelir sa victime?

— Monsieur le comte, il n'y a ici ni meurtrier ni victime; il y a deux adversaires dont l'un a succombé dans un combat loyal...

Le comte secoua de nouveau la tête.

Il était pâle et semblait tremblant.

Caillouët reprit avec énergie :

— Monsieur le comte, dit-il, vous êtes, cette nuit, faible comme un enfant!... c'est donc à moi! à moi! votre vieux serviteur, de vous donner la force qui vous manque!... Ma proposition sauve l'honneur de votre nom...

— C'est vrai.

— Vous en convenez?

— Comment le nierais-je?...

— Eh bien! l'acceptez-vous?...

M. de Vezay hésitait encore.

— L'acceptez-vous? répéta Caillouët.

— Eh bien!... répondit le comte avec un effort désespéré, eh bien! oui!...

— A l'œuvre, alors! à l'œuvre! le temps presse; le jour paraîtra bientôt! ne perdons pas une minute!...

Caillouët s'approcha du cadavre.

Il ramassa l'habit qui gisait sur le sol détrempé par la pluie.

De l'une des poches de cet habit, il tira un portefeuille de maroquin noir, dont la serrure se fermait avec un secret.

— Monsieur le comte, dit-il, vous avez promis, je crois, de faire remettre ceci au fils de M. de Villedieu?...

— Oui! répondit le comte, j'ai promis, et non-seulement j'ai promis, mais j'ai juré...

Caillouët étendit la main.

— Voilà ce portefeuille, dit-il.

M. de Vezay repoussa la main du garde-chasse.

— Vous ne prenez point ceci?... demanda ce dernier.

— Non.

— Qu'en dois-je faire?

— Garde-le, et charge-toi de cette restitution.

— Soit.

— Mais comment t'y prendras-tu? Si tu remets ce portefeuille... celui à qui tu le remettras voudra savoir de quelle manière il s'est trouvé en ta possession...

— Oh! soyez tranquille.

— Tu as donc un projet?

— Oui.

— Quel est-il?

— A la faveur du désordre qui suivra la première nouvelle de la mort de M. de Villedieu, je m'introduirai dans le château, je pénétrerai dans l'appartement même du défunt vicomte, et je placerai le portefeuille bien en évidence sur un meuble... M'approuvez-vous, monsieur le comte?

— Entièrement.

— C'est bien.

Et le portefeuille disparut dans l'une des poches du garde-chasse.

Ceci fait, Caillouët reprit l'habit et il l'étendit sur la poitrine du cadavre.

Ensuite il entra dans un massif.

Il y coupa deux fortes branches.

Avec ces branches et avec sa carabine il improvisa une sorte de brancard, sur lequel il plaça le corps.

— Monsieur le comte, dit-il en se tournant vers son maître, il faut m'aider, s'il vous plaît...

M. de Vezay était anéanti.

Une sueur froide ruisselait sur son front, en même temps que la pluie qui tombait du ciel.

Il tremblait de tous ses membres.

Cependant, il aida machinalement Caillouët à soulever le brancard funèbre.

Tous deux alors, chargés de leur fardeau lugubre, s'acheminèrent à pas lents vers le château.

Ils ne tardèrent point à atteindre l'extrémité de l'une des ailes de l'immense et sombre habitation.

Là, ils s'arrêtèrent.

— Attendez-moi là pendant un instant, monsieur le comte, dit le garde-chasse à son maître.

M. de Vezay ne répondit pas, et demeura immobile et comme pétrifié.

Caillouët disparut dans les ténèbres.

Au bout d'un instant il revint.

Il portait deux choses :

Une lanterne sourde et un trousseau de clefs.

M. de Vezay avait passé le temps de sa courte absence à se répéter mentalement, avec une indicible angoisse :

— Ah ! que la vengeance est amère !

Caillouët dévoila à demi l'âme de sa lanterne sourde.

Il en fit jaillir un rayon lumineux.

Puis, avec l'une des clefs du trousseau, il ouvrit une porte basse qui se cachait dans un renfoncement de la muraille.

Cette porte donnait entrée dans les caveaux funéraires du château de Vezay.

Ceci fait, Caillouët reprit l'une des extrémités du brancard.

Ensuite il dit :

— Descendons.

Le comte obéit passivement.

Tous deux franchirent un couloir souterrain, long de vingt à vingt-cinq pas, à peu près.

Au bout de ce couloir se trouvait une seconde porte.

Caillouët l'ouvrit comme il avait ouvert la première.

Puis, le maître et le valet pénétrèrent dans une immense salle voûtée, soutenue par de lourds piliers de granit.

C'était la salle des tombeaux.

Tout à l'entour se voyaient de somptueux monuments de marbre et de pierre.

Ces monuments contenaient les dépouilles mortelles des ancêtres de M. de Vezay.

Tous dormaient là de leur sommeil béni, depuis *Réginald le Fort*, le premier de la race, jusqu'à Paul-Amédée de Vezay, le père du comte actuel.

Plusieurs avaient de blanches statues couchées, dans l'attitude d'un calme sommeil, sur leurs pierres tumulaires.

Ces statues figuraient des chevaliers vaillants et de nobles dames appuyant leurs pieds de marbre sur l'écusson héréditaire.

D'autres représentaient des anges agenouillés, levant vers le ciel leurs yeux suppliants et leurs mains jointes, et priant pour le repos de ces gentilshommes morts, dont leurs célestes ailes avaient protégé la vie sans tache.

Quelques tombes, plus simples, n'avaient qu'un marbre blanc ou noir.

Sur ce marbre, des lettres profondes ou saillantes disaient un nom et une date.

En pénétrant dans cette salle, où revivaient pour lui les siècles évanouis et la famille disparue, M. de Vezay, malgré lui, courba la tête.

— Oh ! mes ancêtres, pensa-t-il, que l'un de vous sorte de son linceul et vienne à moi, de la part de Dieu, pour me dire si je suis innocent ou coupable du sang que j'ai versé cette nuit !...

Et il attendit, comme si les lois immuables de la mort pouvaient, pour une seconde, s'intervertir à sa voix.

Vaine attente !...

Aucune voix de la tombe ne répondit à son appel.

Cependant, Caillouët avait couché sur les dalles le corps de M. de Villedieu.

Ensuite il posa sa lanterne sur le socle d'un tombeau et, avec son couteau, il se mit en devoir de desceller le marbre de la sépulture voisine.

Pendant ce temps, les regards de M. de Vezay se portèrent malgré lui sur le cadavre gisant à ses pieds.

La belle tête du vicomte était plus belle encore et plus expressive, morte que vivante.

Son visage était pâle, de cette pâleur particulière au visage de ceux qui ont succombé après avoir perdu beaucoup de sang.

Ses yeux étaient fermés.

Un cercle bleuâtre et livide entourait ses paupières.

M. de Vezay aurait voulu détacher son regard de ce corps et de ce visage.

Il ne pouvait pas.

Une véritable fascination, accompagnée d'une terreur irréfléchie et superstitieuse, le forçait à contempler cette figure inanimée.

Il lui semblait que les paupières du vicomte allaient se soulever tout à coup...

Il lui semblait que les yeux sans regard de ce mort allaient se tourner vers lui...

Que ces lèvres muettes s'agiteraient pour lui jeter ce mot :

— Meurtrier !...

Heureusement, ce supplice étrange eut un terme.

— Tout est prêt, dit Caillouët.

Et la voix du garde-chasse rompit soudainement le charme.

M. de Vezay tressaillit et se retourna.

— Tout est prêt ? répéta-t-il machinalement.

— Oui, monsieur le comte.

Caillouët venait, en effet, d'achever sa besogne.

Après avoir descellé avec son couteau, ainsi que nous l'avons dit, le ciment séculaire, il s'était servi du canon de sa carabine comme d'un levier pour soulever le marbre funéraire.

Il avait réussi.

La tombe s'ouvrait, béante, laissant à découvert le cercueil de plomb qu'elle contenait.

A côté de ce cercueil se voyait un large espace vide, destiné peut-être à recevoir jadis le cadavre d'un mari ou d'un frère.

— Il y a place pour deux ! murmura Caillouët à voix basse.

Puis il ajouta, mais tout haut :

— Monsieur le comte, aidez-moi, je vous prie...

Et, tout en parlant, il saisit le cadavre par les pieds et le souleva.

M. de Vezay restait immobile.

— Aidez-moi donc, monsieur le comte ! répéta Caillouët d'une voix presque impérieuse.

— Que dois-je faire ?... demanda M. de Vezay que cette situation trop prolongée écrasait.

— Prenez ce corps par les épaules, et faites comme moi...

Le comte obéit.

Au bout d'une minute, le vicomte Armand de Villedieu était étendu dans cette tombe qui n'avait point été préparée pour lui.

— Bon ! dit Caillouët.

Puis il ajouta :

— Maintenant, il ne s'agit plus que de remettre ce marbre à sa place et tout sera fini... A l'œuvre, monsieur le comte...

M. de Vezay interrogea Caillouët du regard.

Le garde-chasse comprit cette muette interrogation et y répondit.

— Soutenez le marbre avec votre épaule, dit-il, et baissez-vous bien doucement... ce marbre est lourd, monsieur le comte, et si nous le laissions retomber de toute sa hauteur, il se briserait en mille éclats.

Mais, au lieu d'exécuter la manœuvre indiquée par Caillouët, M. de Vezay ne bougea pas.

Sa bouche s'entr'ouvrit.

Ses yeux, effarés, s'agrandirent.

Ses cheveux semblèrent se hérisser tout à coup sur son front devenu livide.

— Qu'avez-vous donc, monsieur le comte ? qu'avez-vous ? s'écria Caillouët, qui vit son maître chanceler, et qui suivit la direction de ses regards affolés de terreur.

Mais le garde-chasse ne répéta point sa question.

Il tomba à genoux en poussant un grand cri.

. . . .

Au milieu des ténèbres opaques qui s'amoncelaient aux extrémités de la salle funéraire, on voyait se mouvoir une ombre blanche, un fantôme aux contours vaporeux.

Ce fantôme paraissait se diriger lentement du côté des deux hommes.

A mesure qu'il avançait, le comte reculait d'un pas, et Caillouët, agenouillé sur les dalles, se prosternait de plus en plus, la face contre terre.

VII

LA CHAMBRE DE MARGUERITE.

Enfin, le fantôme sortit de la pénombre et pénétra dans le cercle lumineux formé par les rayons qui s'échappaient de la lanterne sourde.

M. de Vezay avait suivi d'un œil hagard et épouvanté chacun des mouvements de cette apparition fantastique.

Tout à coup, son visage changea d'expression.

Sur ses traits bouleversés on put lire un redoublement de stupeur, mais l'effroi avait disparu.

Il porta la main à son front, comme pour s'assurer qu'il était bien éveillé et qu'il ne servait point de jouet à un rêve étrange et terrible.

En même temps ses lèvres s'agitèrent, et d'une voix rauque et pareille à celle des somnambules pendant le sommeil magnétique, il murmura à deux reprises :

— Marguerite !... Marguerite !...

A ces mots, Caillouët releva la tête.

— Madame la comtesse !... s'écria-t-il.

Et il se glissa comme un serpent derrière la tombe, à côté de laquelle il était agenouillé.

Sans doute il voulait rester l'invisible témoin de l'étrange scène qu'il prévoyait.

Celle que les deux hommes avaient prise jusque-là pour un fantôme, celle que le comte avait nommée *Marguerite*, celle que Caillouët appelait *madame la comtesse*, était bien en effet, Marguerite, comtesse de Vezay.

Enveloppée dans un long peignoir dont sa pâleur livide effaçait la mate blancheur, ses longs cheveux blonds flottant en désordre sur ses épaules et retombant en mèches épaisses de chaque côté de son visage, la jeune femme avançait toujours.

On eût dit une morte, drapée dans son linceul, et marchant.

Elle semblait ne point voir son mari, elle semblait ne l'avoir point entendu.

Ses mouvements lents, réguliers, automatiques en quelque sorte, la rapprochaient sans cesse de cette tombe ouverte vers laquelle la poussait une irrésistible attraction.

Entre elle et cette tombe se trouvait le comte.

Il fallait ou que M. de Vezay quittât sa place, ou que sa femme déviât de sa route.

Ce fut le mari qui, fasciné, laissa le passage libre.

Marguerite atteignit la tombe.

Elle appuya ses deux mains sur le marbre du sarcophage, et, se penchant en avant, elle regarda...

A côté du cercueil de plomb, était étendu un corps humain dont rien ne dérobait à la vue le visage ensanglanté.

Madame de Vezay reconnut ce corps et ce visage...

Elle se redressa aussitôt, en portant sa main droite à son cœur, en jetant sa tête en arrière.

Elle poussa un cri déchirant, que les échos du souterrain répétèrent d'une façon lugubre.

Elle tourna deux fois sur elle-même et elle tomba, inanimée, au pied de la tombe...

— Malheur !... balbutia désespérément M. de Vezay, malheur !... malheur !... elle est morte ! Oh ! mon Dieu... mon Dieu, n'était-ce donc pas assez d'une victime !...

Et, en proie à un véritable accès de délire, suite naturelle de ces événements terribles qui venaient, depuis un temps si court, de se succéder sans relâche, il se baissa, il prit dans ses bras le corps de sa femme et il s'enfuit au travers du souterrain, en emportant Marguerite comme on emporte une proie convoitée ou une victime qu'on veut sauver.

A peine le comte avait-il disparu, que Caillouët, à son tour, quitta l'inutile retraite qu'il s'était choisie.

— Tout va bien !... murmura-t-il avec une expression de joie féroce, tout va bien, et Dieu est juste, car Dieu me venge !...

Il reprit ensuite sa carabine et sa lanterne sourde.

Il ne se donna point la peine de faire retomber le marbre sur la tombe, et il regagna la porte du couloir par lequel M. de Vezay et lui avaient pénétré dans les caveaux funéraires.

Caillouët referma cette porte avec soin.

Il en fit de même pour celle qui terminait le couloir à son autre extrémité, du côté du parc.

Il retira du trousseau, dont elles faisaient partie, les clefs de ces deux portes, et il les mit dans la poche de sa veste de chasse.

Puis il s'engagea dans l'escalier dérobé qui conduisait à la bibliothèque.

Ce bon serviteur voulait voir ce qui se passait dans l'intérieur du château, et se mettre à la disposition de M. de Vezay, pour le cas où ce dernier aurait besoin de ses services.

———

Les deux seules pièces que nous ayons eu l'occasion de décrire jusqu'à présent, la bibliothèque et la chambre à coucher de M. de Vezay, étaient, nous le savons, d'un style grandiose et sévère.

L'appartement particulier de la comtesse Marguerite, dans lequel nous allons introduire nos lecteurs, offrait un aspect tout différent.

M. de Vezay, à l'époque de son mariage, c'est-à-dire quatre ans à peu près avant l'époque où se passaient les faits dont nous sommes l'historien, avait rassemblé avec amour, dans les trois pièces qui composaient le logis privé de sa femme, toutes les élégances de la mode et toutes les recherches du luxe.

Qu'on veuille bien faire la remarque que ceci se passait en 1816 ou 1817, et que l'ornementation et l'ameublement dont il s'agit offraient le *nec plus ultra* du bon goût et du confort à cette époque.

La chambre à coucher était entièrement tendue de soie d'un bleu pâle, constellée de petites étoiles d'argent.

Une *grecque*, également argent sur bleu, encadrait cette tenture destinée à faire valoir le teint de blonde et la magnifique chevelure cendrée de Marguerite.

Les meubles, en bois de citronnier à filets d'ébène, de la forme la plus correctement académique, étaient recouverts d'une étoffe pareille à celle de la tenture.

Un cygne argenté, aux ailes largement étendues, soutenait dans son bec un anneau d'où s'échappaient les flots vaporeux des rideaux de mousseline des Indes, brodés en argent, qui drapaient autour du lit leurs plis diaphanes.

Une triple chaîne de vermeil suspendait au plafond une large et profonde coupe d'albâtre, de forme romaine.

Une veilleuse, placée dans cette coupe, projetait, pendant la nuit, sa clarté douce et voilée, trop faible pour éloigner le sommeil, suffisante pour dissiper les ténèbres.

Sur la cheminée se voyait une pendule, formée d'un précieux bronze antique, trouvé dans les fouilles d'Herculanum et placé sur un socle de marbre blanc.

Ce bronze représentait une nymphe rassemblant en gerbe les fleurs qu'elle venait de cueillir.

Le tapis, sorti des manufactures d'Aubusson et à dessins mythologiques, était épais et doux à fouler, comme la toison molle d'un agneau.

C'est dans cette chambre élégante et coquette que se précipita le comte, portant dans ses bras sa femme évanouie.

C'est sur ce lit, entouré de ses nuages de mousseline, qu'il déposa ce corps dont la vie venait peut-être de se retirer.

Certes, en ce moment, toute idée de vengeance avait disparu de l'âme de M. de Vezay.

Nous pourrions presque dire que le ressentiment de l'injure n'existait plus en lui.

Il n'y avait place, en son cœur, que pour le remords du pardon refusé, pour l'horreur du sang versé, pour le désespoir de la nouvelle catastrophe, imminente, sinon accomplie.

Marguerite, toujours sans connaissance, était glacée...

M. de Vezay jeta sur elle tous les vêtements épars sur les meubles, dans la chambre.

Puis il s'agenouilla à côté du lit, et sa main tremblante s'appuya sur le côté gauche de la poitrine de sa femme.

Il cherchait les battements du cœur.

Il les trouva, mais si faibles, si intermittents, que, de seconde en seconde, on pouvait croire qu'ils allaient s'éteindre.

Cependant l'étincelle de la vie existait encore.

C'était beaucoup.

M. de Vezay courut au cabinet de toilette.

Il y prit des eaux de senteur, des flacons remplis des sels les plus forts, des parfums les plus violents.

Il baigna le visage de Marguerite de ces eaux et de ces parfums.

Il mit sous ses narines ces sels énergiques.

Cette médication ne fut point inutile.

La jeune femme fit un mouvement léger.

M. de Vezay redoubla de soins.

La comtesse entr'ouvrit les yeux, elle se souleva sur son coude, elle promena autour d'elle un regard égaré.

En ce moment sans doute, la pensée lui revint, et, en même temps que le souvenir, la douleur.

Elle poussa un faible cri; sa tête retomba en arrière, ses yeux se fermèrent de nouveau, et, pour la seconde fois, la vie sembla se retirer de ce corps, un instant galvanisé.

M. de Vezay mit en œuvre, de nouveau, les mêmes moyens qui venaient déjà de lui réussir.

Cette persévérance fut couronnée d'un égal succès.

La comtesse revint à elle-même; elle changea de position: au lieu de rester étendue, elle s'accroupit en quelque sorte sur le lit; elle cacha son visage dans ses deux mains, elle se mit à sangloter amèrement, tandis qu'un frisson convulsif secouait ses membres et qu'une sorte de râle soulevait sa poitrine.

Debout auprès du lit, les yeux fixes et secs, mais le cœur torturé, M. de Vezay assistait à ce terrible spectacle, contemplait cet effrayant désespoir.

Soudain, les sanglots de Marguerite s'arrêtèrent.

Elle souleva son visage défait, elle attacha sur son mari ses yeux noyés de pleurs, et elle dit, ou plutôt elle balbutia:

— Je vais mourir... si vous n'êtes pas sans pitié... envoyez chercher un prêtre...

— Mourir!... s'écria le comte avec épouvante, mourir!... Ne parlez pas ainsi, Marguerite.. vous ne mourrez pas... je ne veux pas que vous mouriez...

La jeune femme secoua la tête d'un air de négation sinistre.

— Un prêtre... un prêtre... répéta-t-elle d'une voix plus faible, et hâtez-vous... sinon... il sera trop tard...

Et elle s'affaissa de nouveau, comme si toute force l'abandonnait.

M. de Vezay comprit qu'il lui fallait accéder à cette dernière demande, qui ne devait être sans doute que la suprême volonté d'une mourante.

Il quitta le chevet du lit et se dirigea rapidement vers la porte.

Au moment où il allait atteindre cette porte, il entendit qu'on frappait légèrement contre le panneau.

Il ouvrit, et dans l'antichambre il trouva Caillouët.

— Ah! te voilà... murmura-t-il.

— Monsieur le comte, j'étais inquiet... je venais prendre vos ordres...

— Mes ordres... répéta M. de Vezay d'un air égaré, mes ordres...

— N'en avez-vous pas à me donner? demanda le garde-chasse.

— Si... si... j'en ai... j'en ai...

— Lesquels?...

Le comte ne répondit pas.

Dans l'incroyable désordre de ses pensées, dans la tempête qui bouleversait son intelligence, sa mémoire faisait naufrage.

— Quels ordres, monsieur le comte? demanda pour la seconde fois Caillouët.

— Ah! murmura M. de Vezay, je me souviens... je me souviens maintenant...

— J'écoute et j'attends... dit le garde-chasse.

— Un prêtre! s'écria le comte.

— Un prêtre! pour qui? demanda Caillouët stupéfait.

— Et un médecin... ajouta le comte, sans répondre à cette question du garde-chasse.

— Un prêtre et un médecin!... madame la comtesse est donc malade?...

— Malade!... bien malade!... mourante... oui, mourante... elle veut un prêtre... va vite...

Tout ceci était dit avec égarement.

Une sorte d'émotion apparut sur le rude visage du garde-chasse, dont la physionomie, pendant une seconde, sembla moins farouche.

— Mais, monsieur le comte, dit-il, je ne puis aller chercher, à la fois, le prêtre et le médecin... Comment faire?...

— Cours chez le curé, toi, Caillouët... qu'il vienne, qu'il vienne à l'instant...

— Et le médecin?...

— Qu'un de mes gens monte à cheval... qu'il prenne mon meilleur cheval..... mon propre cheval... mon favori... Bayard... qu'il le tue s'il le faut, mais que, dans une heure, il soit de retour avec le médecin... dans une heure... tu entends bien, Caillouët?...

— Oui, monsieur le comte.

— S'il est revenu dans une heure... cinquante louis pour lui... dis-leur cela à tous, Caillouët...

— Oui, monsieur le comte.

Le garde-chasse quitta son maître, afin d'aller remplir sa double mission.

M. de Vezay rentra dans la chambre de Marguerite.

La jeune femme ne sanglotait plus.

Ses yeux étaient fermés.

On aurait pu la croire morte, si, par instants, un gémissement sourd, échappé de ses lèvres, n'eût été la preuve manifeste que la vie ne s'était point encore retirée d'elle tout à fait.

M. de Vezay s'assit auprès du lit, et il attendit.

Un quart d'heure à peine venait de s'écouler quand on frappa à la porte pour la seconde fois.

Le comte se leva et alla ouvrir.

Caillouët était debout, sur le seuil.

Derrière lui se voyait le curé du village, beau vieillard de l'aspect le plus vénérable, et dont les longs cheveux argentés encadraient le visage empreint de la douceur et de la charité évangéliques.

— Monsieur le comte, voici M. le curé, dit le garde-chasse.

— Ah! monsieur le curé, s'écria le comte, soyez le bienvenu!... avec quelle impatience je vous attendais!...

— Monsieur le comte, répondit le vieillard en s'inclinant, ce que Caillouët vient de me dire m'a causé une profonde douleur... une indicible épouvante... Le mal est moins grand qu'il ne me l'a fait supposer, n'est-ce pas? il y a de l'espoir encore?...

— Hélas! monsieur le curé, murmura le comte, je ne puis vous répondre, et je suis comme foudroyé... Venez... vous verrez... vous jugerez vous-même...

M. de Vezay conduisit le prêtre jusqu'auprès du lit; puis, revenant vivement sur ses pas, il dit Caillouët:

— Eh bien! le médecin?

— Monsieur le comte, répondit le garde-chasse, Jean est parti...

— Sur Bayard?

— Sur Bayard.

— Tu lui as dit de tuer le cheval s'il le fallait?...

— Oui, monsieur le comte.

— Tu lui as promis cinquante louis?

— Oui, monsieur le comte. Jean ne ménagera pas sa monture, et, une fois arrivé, il donnera Bayard au docteur et reviendra lui-même à pied...

— C'est bien... Dès que le médecin sera ici, tu l'introduiras...

— Je vais attendre dans l'antichambre.

— Tu auras raison...

— Monsieur le comte, peut-être faudrait-il éveiller les femmes de madame?...

— Non... non... non... répondit M. de Vezay avec une sorte d'effroi, n'éveille personne... attendons jusqu'à la dernière extrémité, pour révéler à d'autres qu'à nous ce qui se passe cette nuit...

Caillouët n'insista pas, du moins en apparence, mais il alla prévenir sans bruit la femme de chambre, favorite de madame de Vezay.

Le comte rentra dans l'appartement de Marguerite.

Le vieux prêtre s'était agenouillé à côté du lit sur lequel reposait la jeune mourante.

— Mon enfant, lui avait-il dit, vous m'avez fait appeler... je viens à vous, au nom du Dieu de paix, d'amour et de miséricorde...

Marguerite entendit et reconnut cette voix.

Elle fit un effort pour se soulever, et elle y parvint, quoique avec une peine extrême.

Elle étendit vers le prêtre ses deux mains jointes, et elle dit :
— Mon père, écoutez ma confession...

VIII

PAPIERS VOLÉS.

— Parlez, mon enfant, répondit le prêtre aux dernières paroles de Marguerite ; je vous écoute, et Dieu vous entend...

La jeune femme, d'une voix entrecoupée et à peine distincte, commença sa confession.

Cette confession dura longtemps.

Parfois, les mots expiraient avant d'arriver aux lèvres de Marguerite.

Parfois, des sanglots convulsifs venaient interrompre l'aveu commencé.

A mesure qu'avait parlé la jeune femme, le vieux prêtre avait pâli.

Quand elle eut achevé, le visage du ministre de Dieu était presque aussi défait, presque aussi livide que celui de la mourante.

Il ne lui restait plus rien à entendre.

Il fit descendre sur le front de la pénitente les paroles sacramentelles de paix et de pardon.

Puis, sa mission sainte étant terminée, il murmura :
— Maintenant, pauvre enfant, courage et bon espoir. Vous vivrez, vous vivrez pour le repentir et pour la réparation...

Marguerite secoua la tête.

— Non, mon père, répondit-elle, non, je ne vivrai pas... Je sens bien que tout est fini pour moi en ce monde... la main de Dieu s'est appesantie sur ma tête coupable... Il me frappe, et je le bénis... Mais il me reste un dernier devoir à accomplir... une dernière et solennelle expiation à accepter.... Prévenez, je vous en prie, mon mari... monsieur le comte... que je voudrais lui parler... que je le prie de s'approcher de moi...

Le vieux prêtre pleurait et ne put répondre.

Il inclina seulement la tête pour indiquer à Marguerite que ce qu'elle demandait allait être fait.

Il s'approcha de M. de Vezay, qui, pendant la longue confession de sa femme, s'était laissé tomber sur un siége, dans la profonde embrasure de l'une des fenêtres.

— Monsieur le comte, lui dit-il en s'efforçant de dominer son émotion, madame la comtesse vous appelle auprès de sa couche d'agonie... Allez, et n'oubliez pas que, lorsque Dieu a pardonné, personne en ce monde n'a le droit d'être sans pitié... C'est un vieillard, monsieur le comte... c'est un ministre du Seigneur qui vous rappelle cette grande et sublime vérité.... et qui, comme prêtre et comme homme, vous supplie d'être indulgent et miséricordieux...

M. de Vezay s'inclina devant le vieux curé et s'approcha vivement du lit.

Marguerite se souleva, lui saisit les deux mains, qu'elle serra avec une force convulsive, et elle s'écria :
— Pardon !... pardon !... je souffre et je meurs... monsieur le comte, pardonnez-moi !

— Je vous pardonne... pauvre femme, je vous pardonne du fond du cœur... balbutia M. de Vezay ; mais, au nom du ciel, Marguerite, calmez-vous et vivez...

— Vous me pardonnez ? demanda la jeune femme avec un indicible étonnement.

— Du fond du cœur, je vous le répète...

— C'est que, peut-être, vous ne savez pas...

— Écoutez... écoutez... je veux, je dois tout vous dire...

M. de Vezay allait interrompre Marguerite pour l'empêcher de commencer un récit inutile et déchirant pour tous les deux.

Il n'en eut pas besoin.

Les yeux de la jeune mourante devinrent fixes.

Un cri, qui semblait sortir du plus profond de ses entrailles, s'échappa de ses lèvres contractées.

Ses membres se roidirent, et elle se tordit sur le lit, en proie à des convulsions terribles, en poussant des gémissements inarticulés.

— Qu'avez-vous donc ? mon Dieu ! qu'avez-vous donc ? s'écria le comte avec un redoublement d'angoisse.

Marguerite ne répondit que par des clameurs plus aiguës et plus douloureuses.

En ce moment, on entendit retentir le rapide galop d'un cheval, qui s'arrêta court devant le perron du château.

Au bout d'une minute, Caillouët introduisait le médecin.

M. de Vezay courut à lui et l'entraîna jusqu'auprès du lit.
— Au nom du ciel ! lui dit-il, quel est ce mal étrange ?...
— Un accouchement avant terme, répondit le médecin, après avoir examiné Marguerite pendant une seconde.

. . . .

Assez, et trop peut-être, nous nous sommes appesantis sur les catastrophes de cette terrible nuit.

Il ne faut point abuser des plus lugubres couleurs qui se puissent trouver sur une palette de romancier.

Étendons un voile devant de trop sombres tableaux, et disons seulement qu'au bout d'une heure de tortures Marguerite cessait enfin de souffrir et s'endormait d'un éternel sommeil, tandis que le médecin présentait au comte de Vezay un enfant nouveau-né, une petite fille, dont sa mère expirante n'avait point entendu le premier vagissement.

Le château de Villedieu était situé à une lieue environ de celui de Vezay.

L'habitation n'offrait point les proportions imposantes du manoir où se sont passés jusqu'à présent les événements de cette histoire.

C'était un petit castel gothique auquel on avait adjoint des constructions plus récentes, et qui s'élevait, sur les bords de la Loire, au milieu d'une futaie magnifique qui lui servait de parc.

Le vicomte Armand de Villedieu habitait toute l'année cette jolie terre.

Il avait été marié jadis à une femme pour laquelle il n'avait jamais éprouvé que l'amitié la plus froide, sans le moindre mélange d'amour.

Après deux ans d'une union calme, mais sans bonheur, la vicomtesse était morte, laissant à son mari un fils âgé de quelques mois.

Il y avait de cela six ans.

L'enfant se nommait Lucien.

M. de Villedieu avait concentré toutes ses affections sur ce fils, jusqu'au jour où une passion violente pour la comtesse de Vezay s'était emparée de son cœur.

Cet amour, longtemps sans espoir, et enfin partagé par Marguerite, avait porté des fruits empoisonnés.

Nous venons d'assister au dénoûment sinistre de ce drame d'adultère.

Nous allons maintenant, s'il vous plaît, rôder, comme un voleur de nuit, autour du château de Villedieu, une heure environ après la mort de la comtesse Marguerite.

L'ouragan s'était complètement calmé, mais la nuit restait sombre encore.

A peine si, du côté de l'orient, une bande pâle, rayant le ciel noir, annonçait que l'aurore ne tarderait point à chasser les ténèbres.

Dans l'intérieur du château, tout était silencieux.

Le petit Lucien et son précepteur dormaient d'un calme sommeil dans deux chambres contiguës.

Les domestiques, que le bruit du tonnerre avait tenus éveillés pendant la plus grande partie de la nuit, ronflaient dans leurs logements respectifs.

— Les chevaux seuls, inquiétés par l'absence prolongée de deux de leurs compagnons, piaffaient et hennissaient dans les écuries.

En ce moment, une forme humaine sortit de la futaie et se dirigea vers le château.

Cette forme s'avançait avec précaution.

Évidemment, le nocturne promeneur avait les motifs les plus graves pour vouloir rester inaperçu.

D'après ce que nous venons de dire du profond sommeil de tous les habitants du château, la crainte d'une rencontre était d'ailleurs sans fondement.

Le nouveau-venu, qui n'était autre, on l'a deviné, que le garde-chasse Caillouët, arriva, avec des précautions inouïes, jusqu'auprès de l'une des tourelles élégantes qui flanquaient l'ancien castel.

Dans cette tourelle était pratiquée une petite porte que Caillouët paraissait connaître parfaitement, ce dont nous ne devons point nous étonner, car MM. de Vezay et de Villedieu chassant habituellement ensemble, les rendez-vous avaient lieu tantôt dans l'un, tantôt dans l'autre des deux châteaux, et les domestiques du comte étaient liés de façon intime avec ceux du vicomte, auxquels ils rendaient de fréquentes visites.

Ceci posé, on trouvera fort simple que Caillouët fût si bien au courant des êtres du manoir de Villedieu.

Le garde-chasse se débarrassa de deux objets, dont il portait l'un sur son épaule, dont il tenait l'autre à la main.

C'était la lanterne sourde avec laquelle il avait pénétré dans les caveaux mortuaires de Vezay, et un sac de toile d'assez grande dimension.

Ce sac, lorsque Caillouët le posa sur le sol, rendit un son métallique.

Le garde-chasse détacha la cordelette qui en fermait l'ouverture.

Il en tira plusieurs objets, entre autres une barre de fer de trois pieds de long et d'un pouce de diamètre.

Il introduisit l'extrémité de cette barre de fer entre le seuil et la porte de la tourelle, et, s'en servant comme d'un levier avec sa force herculéenne, il fit sortir la porte de ses gonds.

Ceci fait, il remit la barre dans le sac, il reprit sa lanterne, il se munit de deux ou trois des objets dont nous avons parlé, et il s'engagea dans l'escalier en spirale auquel les murs de la tourelle servaient d'alvéole.

A la hauteur du premier étage se trouvait une porte fermée.

Caillouët fit jaillir de sa lanterne un rayon lumineux, et, à l'aide d'un tourne-vis, il détacha la serrure et ouvrit la porte.

Il traversa deux ou trois pièces démeublées, et il arriva enfin à l'appartement du vicomte Armand.

Dans la chambre à coucher se trouvait un petit bureau couvert de livres et de papiers.

Caillouët s'assit devant ce bureau, et tira de sa poche le portefeuille de maroquin noir qu'il s'était chargé de rapporter au château de Villedieu.

Il trouva sans trop de peine le secret de la serrure, et il passa en revue le contenu de ce portefeuille.

Ainsi que l'avait dit le vicomte, il ne contenait que des papiers de famille.

Caillouët les réintégra dans leur étui, qu'il plaça sur le bureau, et il ne s'en occupa pas davantage.

Mais il n'était point au bout de la tâche qu'il avait résolu d'accomplir.

Un motif, encore inconnu de nous, le poussait à visiter les tiroirs du bureau devant lequel il était assis.

Avec une pince et un ciseau à froid, il força le premier de ces tiroirs.

Le hasard fit que dans celui-là se trouvassent les clefs des autres.

Cette découverte épargna au garde-chasse une besogne longue et difficile.

Il ouvrit et inventoria successivement tous les tiroirs.

L'un d'eux contenait une somme importante en or et en billets de banque.

Caillouët ne toucha ni à un écu ni à un billet, et continua ses recherches.

Il finit par découvrir une très-petite liasse de papiers pliés en forme de lettres et attachés par un ruban couleur de feu.

Le garde-chasse dénoua ce ruban, défit la liasse, examina l'écriture, lut quelques lignes et poussa ou plutôt étouffa une exclamation de triomphe.

— Voilà ce qu'il me fallait!... murmura-t-il ; c'est une fortune et c'est la vengeance !...

Il fit ensuite de son mieux pour remettre toutes choses en l'état primitif.

Il effaça avec une remarquable adresse les traces de son expédition nocturne.

Enfin, il quitta l'appartement d'Armand de Villedieu, n'emportant avec lui que cette petite liasse renouée d'un ruban couleur de feu, et à la découverte de laquelle il avait semblé attacher une si grande importance.

Il traversa de nouveau les chambres vides, refermant les portes derrière lui.

Il descendit les marches roides de l'escalier en colimaçon.

Il rajusta sur ses gonds ébranlés la porte massive de la tourelle, et il reprit d'un pas rapide le chemin du château de Vezay.

Le douteux crépuscule, qui succède aux ténèbres et précède le jour, commençait à étendre sur les campagnes et sur les forêts ses teintes indécises.

Bientôt le soleil levant allait répandre ses clartés rayonnantes sur toute cette splendide nature, après une nuit de tempêtes et de sombres horreurs.

———

Lorsque Caillouët arriva au château, on lui dit que M. de Vezay l'avait déjà demandé deux ou trois fois.

Le garde-chasse s'empressa de monter dans la chambre de son maître.

Le comte, tout habillé, s'était jeté sur un canapé.

Il ne dormait point.

Ses traits décomposés, son regard atone, exprimaient bien le complet anéantissement de tout son être.

Depuis deux heures il avait quitté la chambre mortuaire, laissant le vieux prêtre en prière auprès de ce lit où reposait le corps de Marguerite, enveloppé dans son linceul.

Au moment où le garde-chasse entra, une lueur passagère revint animer les yeux de M. de Vezay.

— Monsieur le comte m'a demandé? fit Caillouët.

— Oui...

— Me voici aux ordres de monsieur le comte...

— Caillouet, j'ai bien des choses à te dire...

— J'écoute et j'attends...

— Mais d'abord, assure-toi que ces portes sont fermées, il ne faut pas que qui que ce soit puisse nous entendre...

Le garde-chasse obéit à l'injonction de son maître.

— Tout est bien fermé, dit-il ensuite ; monsieur le comte peut parler sans crainte...

— D'où viens-tu, Caillouët? demanda M. de Vezay.

— Je viens d'accomplir les ordres de monsieur le comte.

— Mes ordres?... Ai-je donc donné des ordres?...

— Sans doute...

— Lesquels?...

— Le portefeuille, dit simplement Caillouët.

Le comte tressaillit.

— Ah! le portefeuille! répéta-t-il ; je me souviens...

Puis il ajouta :

— Eh bien?

— C'est fait.

— Tu l'as remis?

— Oui.

— Où?

— Sur le bureau même de feu M. le vicomte.

— Comment as-tu fait cela, Caillouët?

— C'est bien simple...

Et le garde-chasse raconta les détails de l'expédition que nous connaissons, sans dire un seul mot, bien entendu, des papiers qu'il avait soustraits.

— Mais, demanda M. de Vezay, ton projet, cette nuit, était d'attendre, pour pénétrer dans le château de Villedieu, que la nouvelle d'un malheur probable eût mis le trouble et le désordre dans tous les esprits et désorganisé le service... Est-ce que je me trompe, et ne m'as-tu pas dit cela ?

— Je l'ai dit en effet, monsieur le comte ; mais depuis lors j'ai plus réfléchi...

— A quoi?

— A la probabilité d'une immédiate apposition de scellés, opération qui aurait rendu complètement impossible mon coup de main... J'ai pensé qu'il valait mieux agir sur-le-champ, et vous voyez que j'avais raison, puisque j'ai réussi...

M. de Vezay fit de la tête un signe d'approbation.

— Est-ce tout ce que me voulait monsieur le comte ? demanda Caillouët.

— Non.

— Quoi encore?

Une sorte de frisson secoua les mains de M. de Vezay.

Ses lèvres s'agitèrent comme pour parler, mais aucun son ne s'en échappa.

Évidemment, ce que le comte allait dire avait trait à quelque préoccupation grave, effrayante même, car la terreur se lisait dans ses regards effarés.

IX

UNE PROPOSITION.

Enfin il sembla prendre son parti...

Il fit un suprême effort, et il murmura :

— Caillouët...

— Monsieur le comte?

— La tombe... Caillouët... cette tombe... tu sais?...

— Eh bien ?

— En as-tu replacé le marbre ?

— Comment aurais-je fait? monsieur le comte. Je n'avais pas la force nécessaire pour soutenir ce marbre à moi seul et pour l'empêcher de se briser dans une chute violente et inévitable.
— Ainsi, la tombe est restée ouverte?
— Oui, monsieur le comte.
— Ainsi, tout ce que nous avons entrepris pour effacer la trace du sang répandu est maintenant inutile...
— Pourquoi donc cela? monsieur le comte.
— Parce que la première personne qui entrera dans les caveaux funéraires verra le cadavre du vicomte, et parce qu'ici ce n'est plus à un duel qu'on croira... mais à un assassinat...
— Cela est facile à éviter.
— Comment?
— Il faut que qui ce soit, désormais, ne puisse entrer dans les caveaux, et j'ai agi en conséquence... sans même connaître vos intentions...
— Tu as agi?
— Oui, monsieur le comte.
— De quelle façon?
— J'ai jeté dans la Loire, il y a une heure, les doubles clefs des deux portes...
Le comte secoua tristement la tête.
— Tu n'avais oublié qu'une chose, Caillouët...
— Laquelle? monsieur le comte.
— C'est que ma femme est morte cette nuit, et que mes ancêtres l'attendent dans la sépulture où doivent dormir tous ceux qui ont porté ou qui porteront mon nom...
Cette observation parut d'abord déconcerter le garde-chasse.
Mais il était homme de ressource, et il trouva bien vite un moyen de tourner la difficulté.
— Monsieur le comte, dit-il au bout d'un instant, n'oubliez pas qu'à son heure dernière, madame la comtesse vous a fait part de sa volonté suprême.
— A moi? s'écria M. de Vezay.
— A vous-même, monsieur le comte.
— Et cette volonté?...
— Cette volonté, c'est d'être ensevelie, non auprès de vos aïeux, sous des voûtes sombres et glacées, mais dans le cimetière du village, sous la mousse verte et les fleurs épanouies...
— Est-ce que tu rêves, Caillouët?
— En aucune façon, monsieur le comte.
— Cette volonté dont tu parles, madame la comtesse ne l'a point exprimée.
— Vous croyez?
— J'en suis sûr.
— Peut-être avez-vous raison, mais qu'importe? les morts ne parlent plus; madame la comtesse ne viendra pas vous démentir.
— Oui, mais ma conscience, Caillouët?
— Votre conscience, monsieur le comte.
— Elle se révolte à la pensée de prêterais à des lèvres glacées par la mort des paroles qu'elles n'ont point prononcées.
— Dans ce cas, monsieur le comte, et si votre conscience est irritable à ce point, je ne vois aucun moyen d'éviter ce qui vous épouvante et d'empêcher qu'on ne pénètre dans les caveaux. Tout ce que nous pouvons faire, c'est d'y retourner les premiers et de refermer cette tombe...
— J'aimerais mieux mourir sur-le-champ, balbutia-t-il, que de me retrouver, ne fût-ce que pour une seconde, en face de ce cadavre...
— Alors, monsieur le comte, décidez-vous... Réfléchissez bien à ce que je vous propose, et vous verrez que c'est la chose du monde la plus innocente... Qu'importe aux morts, je vous prie, de dormir leur éternel sommeil sous la pierre ou sous le gazon?
Il était impossible que le comte résistât longtemps.
Il fit encore quelques objections, puis il céda.
— Est-ce tout ce que monsieur le comte avait à me dire? demanda Caillouët pour la seconde fois depuis le commencement de son entrevue avec son maître.
Et pour la seconde fois aussi, le comte, à son tour, répondit :
— Non, pas encore...
Caillouët fit un geste qui signifiait :
— J'écoute.
M. de Vezay commença ainsi :
— Tu m'es dévoué, n'est-pas, Caillouët?

— Le garde-chasse, qui ne s'attendait point à cette question, tressaillit.
— Dévoué? répéta-t-il au bout d'un instant. Je croyais l'avoir prouvé plus d'une fois à monsieur le comte... et cette nuit encore...
— Aussi n'est-ce point un doute que j'exprime... j'interroge, parce qu'il me plaît de t'entendre m'affirmer de nouveau ton affection.
— Elle est sincère autant que profonde, monsieur le comte.
— Je le sais. Mais s'il devenait nécessaire de me la prouver une fois de plus?
— Vous la prouver!...
— Oui.
— Je n'hésiterais pas.
— Quoi qu'il fallût faire pour cela?
— Quoi qu'il fallût faire pour cela; oui, monsieur le comte.
— Aucun sacrifice ne te coûterait?
— Aucun.
— Même celui de te séparer de moi?
Caillouët tressaillit de nouveau.
— Me séparer de vous, monsieur le comte... murmura-t-il.
Le comte fit un signe affirmatif.
— Pour longtemps? demanda le garde-chasse.
— Pour toujours.
Caillouet ne répondit point.
— Eh bien!... dit monsieur de Vezay, après un instant de silence, tu te tais?...
Le garde-chasse attacha sur son maître un regard long et perçant.
— Parlez-vous sérieusement, monsieur le comte? fit-il ensuite.
— Oui.
— Vous pensez à m'éloigner de vous?
— Oui.
— Songez que j'aime ce pays, moi!... j'y suis né, j'y ai grandi, j'espérais y mourir...
— Je sais tout cela; mais je sais aussi que, là où il n'y a pas de sacrifice, il n'y a pas de dévouement.
— C'est juste... Enfin, monsieur le comte, pour vouloir m'éloigner, vous avez un motif?
— J'en ai un.
— Puis-je le connaître?
— Écoute, Caillouët, je vais te parler à cœur ouvert... Tu es un vieux serviteur et je t'aime, mais tu es de trop ici.
— Pourquoi?
— Parce que tu possèdes les secrets de la nuit qui vient de finir... parce que tu es le seul confident de mon déshonneur et de ma vengeance... parce que ta présence enfin, si tu restais, rouvrirait incessamment la blessure qui saigne au fond de mon cœur... Me comprends-tu, dis-moi, Caillouët?
Le garde-chasse baissa la tête d'un air pensif. Puis, au bout de quelques secondes, il répondit :
— Je vous comprends...
— Et tu trouves que j'ai raison?
— Oui.
— Ainsi, tu partiras?
— Je partirai.
Le comte saisit la main de Caillouët et la serra vivement et affectueusement entre les siennes; ce à quoi le garde-chasse parut médiocrement sensible.
M. de Vezay reprit ensuite :
— Je n'ai pas besoin d'ajouter que mon intérêt te suivra partout, et que je t'assurerai ta fortune...
— Ah! dit Caillouët.
— Mon projet est de te remettre une somme suffisante pour commencer un établissement avantageux.
— Où désirez-vous que j'aille? demanda Caillouët.
— Mais où tu voudras... En Amérique, par exemple; au Brésil ou aux Grandes-Indes.
— Il paraît, murmura le garde-chasse, il paraît que vous tenez, monsieur le comte, à ce que l'Océan soit entre nous deux?
— Cela vaudra mieux ainsi.
— Soit. Deux ou trois mille lieues de plus ou de moins, qu'importe?... Quand dois-je partir?
Le comte hésita.
— La grossesse de Suzanne n'est point encore assez avancée pour t'empêcher de voyager? demanda-t-il ensuite.
Les yeux de Caillouët étincelèrent de ce même feu sombre que nous avons déjà signalé souvent.
— Monsieur le comte, répondit-il d'un ton brusque, Su-

zanne fera ce que je lui dirai de faire... ne vous inquiétez pas d'elle.

Étonné de l'accent avec lequel ces paroles avaient été prononcées, M. de Vezay étudia d'un œil inquiet le visage de Caillouët.

Mais ce visage avait déjà repris son masque d'impassibilité.

— Eh bien! reprit le comte, rien ne t'empêcherait, ce me semble, de partir dès aujourd'hui?

— Rien absolument.

— Tu n'as pas de préparatifs à faire?

— Aucun.

— Je vais te remettre cinquante louis pour tes frais de voyage d'ici à Nantes, et de plus un mandat de vingt mille francs payables à vue chez mon banquier de Nantes... Cela te suffira-t-il?

— Amplement.

— Tu pourras t'embarquer à Nantes ou à Paimbœuf. D'ailleurs, une fois arrivé à destination et établi dans le pays que tu auras choisi, s'il te faut d'autre argent, tu m'écriras, et je te ferai tenir les sommes que tu m'auras demandées.

— C'est bien, monsieur le comte.

M. de Vezay ouvrit un tiroir.

Il remit à Caillouët un rouleau d'or; puis il écrivit et signa un mandat de vingt mille francs, que le garde-chasse serra dans son portefeuille.

— Je ne vous remercie pas, monsieur le comte, dit-il ensuite; car j'aurais mieux aimé rester pauvre dans ce pays que d'emporter votre argent ailleurs; mais enfin, puisqu'il le faut pour assurer votre repos, je pars... dans une heure j'aurai quitté le château, et vous ne me reverrez plus.

Puis un adieu s'échangea entre le maître et le valet; adieu affectueux de la part de l'un, glacial et sombre de la part de l'autre.

A peine Caillouët avait-il quitté la chambre de M. de Vezay et refermé la porte derrière lui, qu'il murmura entre ses dents, d'un ton dont nous ne saurions indiquer suffisamment la haineuse amertume:

— Je pars!... mais tout n'est pas fini entre nous, monsieur le comte!... nous nous reverrons!... quand?... Je ne sais, mais trop tôt pour vous...

Une heure après ce moment, Caillouët s'éloignait en effet du château et du pays; mais il s'éloignait seul, abandonnant sa jeune femme.

___

Dans la matinée de ce même jour, deux nouvelles foudroyantes, aussi imprévues l'une que l'autre, prirent leur vol et se répandirent à travers la contrée avec une rapidité en quelque sorte électrique.

La première de ces nouvelles était celle de la fin déplorable et prématurée de la jeune et belle comtesse de Vezay, morte à vingt-cinq ans, en mettant au monde une petite fille née avant terme.

La seconde, bien autrement étrange, bien autrement inexplicable, propageait le bruit de la mort tragique du vicomte Armand de Villedieu, englouti dans les flots de la Loire avec son domestique de confiance.

Trois cadavres avaient été rejetés sur la berge par les eaux du fleuve : celui du valet et ceux des chevaux.

Quant au corps de M. de Villedieu, il était resté introuvable.

Cette catastrophe préoccupait beaucoup l'opinion publique, en raison surtout du mystère impénétrable dont elle s'enveloppait.

En effet, la veille au soir, le vicomte avait quitté son fils et le précepteur de ce dernier, en annonçant qu'il rentrait dans son appartement et en ne disant pas un seul mot qui pût faire supposer un projet d'excursion nocturne.

Les valets d'écurie n'avaient, en outre, point été prévenus qu'ils devraient seller deux chevaux, et c'est le lendemain matin seulement qu'ils s'aperçurent que deux des stalles étaient vides.

Pourquoi cette sortie mystérieuse pendant une nuit d'épouvantable ouragan?

D'où venait M. de Villedieu au moment où la mort avait barré sa route pour lui crier de sa voix inflexible :

— Tu n'iras pas plus loin!

Beaucoup de gens se posèrent ces questions.

Mais personne ne put les résoudre.

Les obsèques de la comtesse Marguerite de Vezay furent célébrées le surlendemain avec une grande solennité et au milieu d'une foule innombrable de parents et d'amis, accourus de toutes les parties de la province.

Il n'y avait point là, du reste, de cœurs indifférents.

Pour accomplir *un des derniers vœux exprimés par la mourante à son mari*, la comtesse, au lieu d'être ensevelie dans les caveaux funéraires du château, fut inhumée dans le cimetière du village, parsemé d'humbles pierres tumulaires et de petites croix de bois noir.

Les yeux de tous les assistants se mouillèrent quand on entendit les premières pelletées de terre retomber sur ce cercueil où dormait pour jamais cette belle jeune femme, si remplie, quelques jours auparavant, de vie et d'avenir, de grâce, et, ajoutait-on, de vertu.

Les gens qui se piquaient de philosophie formulèrent à ce propos plusieurs aphorismes très-sensés et très-concluants au sujet de l'instabilité des choses humaines. Ceux-là semblaient les moins affligés de tous. La conscience de leur philosophie les consolait.

La douleur de M. de Vezay était muette et concentrée.

Une nourrice, appelée au château, donnait son lait à la pauvre petite orpheline.

X

DOUBLE EXPLICATION.

Au point de notre récit où nous sommes parvenu, nous devons au lecteur une double explication.

Nous avons à dire comment il avait pu se faire que madame de Vezay fût arrivée dans les caveaux funèbres juste au moment propice pour voir, étendu dans une tombe ouverte, le cadavre d'Armand de Villedieu, qu'un marbre lourd allait, une seconde plus tard, recouvrir pour l'éternité.

Nous avons, en outre, à dévoiler les motifs de cette profonde haine que le garde-chasse Caillouët avait vouée dans son cœur à M. de Vezay, à la place de ces sentiments d'affection et de dévouement auxquels croyait si fermement le comte.

Nous allons, aussi brièvement que possible, nous acquitter de cette double tâche.

___

Pendant toute la durée de son dernier rendez-vous avec M. de Villedieu, Marguerite de Vezay s'était sentie assaillie par ces inquiétudes sans cause immédiate, mais poignantes et douloureuses, qui sont la couronne d'épines de l'adultère.

Dans les grandes voix de la tempête, la malheureuse femme croyait entendre retentir la menace de Dieu irrité.

Lorsque son amant la quitta pour retourner au château de Villedieu, lorsqu'il partit sous les feux croisés des éclairs, sous les coups redoublés de la foudre, un pressentiment de plus en plus sinistre s'empara de l'esprit de la comtesse.

De minute en minute, de seconde en seconde, ce pressentiment grandit.

Marguerite en arriva à se persuader qu'il était impossible qu'un malheur n'arrivât point à M. de Villedieu.

Seulement, quel serait ce malheur?

La comtesse ne le savait pas.

La pauvre femme ne songeait guère à regagner son lit. Enveloppée dans un large peignoir blanc, elle s'était approchée de l'une des fenêtres et elle appuyait contre la vitre son front brûlant, attachant avec obstination ses regards vers cette portion des ténèbres dans laquelle le vicomte avait disparu.

Un temps assez long se passa ainsi.

Soudain Marguerite poussa un faible cri, et, pour ne pas tomber, elle fut obligée de se soutenir des deux mains à l'espagnolette de la croisée.

La lueur douteuse d'un éclair venait de lui laisser entrevoir deux hommes portant sur un brancard un fardeau de forme étrange.

Dans l'un de ces hommes, il lui avait semblé reconnaître son mari.

Mais la vision avait été trop fugitive pour que ce doute pût se changer en certitude.

L'âme humaine, il est impossible de le nier, possède, en dehors même des phénomènes controversés du magnétisme,

2

une sorte de mystérieuse seconde vue dont une puissante surexcitation morale rend parfois la lucidité prodigieuse.

Cette lucidité suppléa, pour madame de Vezay, à ce qu'il lui avait été impossible de voir avec les yeux du corps.

Elle eut la conscience, disons mieux, la certitude, que ce fardeau porté sur un brancard était le cadavre de M. Arnaud de Villédieu.

Cette révélation foudroyante, au lieu de provoquer chez la comtesse une crise nerveuse manifestée par une explosion de larmes et de cris, détermina, au contraire, une sorte d'état somnambulique.

Marguerite, sans avoir la conscience de ce qu'elle faisait, quitta sa chambre, s'engagea dans les corridors noirs et dans les escaliers sombres, arriva au jardin et se mit à tourner autour du château.

Elle allait au hasard.

Son pas était lent et régulier, *automatique*, si nous osons nous servir de cette expression.

Un engourdissement inexplicable avait envahi son âme et son corps.

Elle ne savait pas où elle était, elle ne savait pas ce qu'elle cherchait.

Si quelqu'un s'était trouvé en ce moment devant elle, elle ne l'aurait pas vu.

Si quelqu'un lui avait adressé la parole, elle ne l'aurait pas entendu.

Elle arriva ainsi jusqu'en face de l'entrée des caveaux funéraires.

Les portes du couloir souterrain avaient été laissées ouvertes par Caillouët et par M. de Vezay.

Marguerite, obéissant passivement à cet instinct qui s'ignorait lui-même, s'engagea dans le couloir.

A mesure qu'elle avançait, une faible lueur arrivait jusqu'à elle, mais ne frappait point ses regards.

Bientôt elle apparut à M. de Vezay et à Caillouët comme une vision de l'autre monde.

Enfin, elle atteignit le cercle lumineux.

Elle marcha droit à la tombe ouverte, et, reconnaissant le corps ensanglanté du vicomte, elle ne recouvra pendant un instant l'usage de ses sens que pour le reperdre aussitôt.

Nous savons le reste.

Quelques mois avant le jour auquel nous avons fixé le commencement de ce récit, il y avait au château de Vezay une réunion nombreuse et joyeuse.

La comtesse Marguerite venait de partir pour aller passer un mois dans sa famille, en Berry, et le comte, momentanément libre garçon, réunissait une vingtaine de ses amis dans un déjeuner qui précédait une grande chasse, à laquelle devait succéder, au retour, un dîner somptueux.

Le déjeuner fut long.

Chevaux et chiens hennissaient et donnaient de la voix sur l'esplanade voisine du château, tandis que les convives attardés sablaient encore le vin d'Anjou.

Enfin, les arrière-petits-fils un peu dégénérés de Nemrod se décidèrent, quoique à regret, à quitter les flacons et à se mettre en selle.

Il s'agissait de forcer un cerf.

La chasse fut magnifique.

L'animal, après six heures d'une course pareille à celle du cheval fantastique de la ballade de Burger, revint sur lui-même dans sa fuite, et, épuisé de fatigue, se mit à l'eau dans un petit étang situé à un quart de lieue de la place du Vezay.

Après une dernière tentative de résistance, héroïque mais inutile, le pauvre cerf, couvert et déchiré par les chiens, fut achevé d'un coup de carabine que lui tira M. de Vezay.

Les trompes qui venaient de sonner l'*hallali* sonnèrent la *mort*, puis, immédiatement après, la *curée*.

Bûcherons et charbonniers accoururent des quatre coins de la forêt pour assister à ce beau et émouvant spectacle.

Ces curieux étaient au nombre de vingt ou trente.

Parmi eux se trouvaient quelques femmes.

La curée touchait à sa fin, quand M. de Vezay sentit une main s'appuyer sur son épaule.

Cette main appartenait à un gentilhomme d'une soixantaine d'années, vieux garçon fort riche, connu sous le nom de chevalier de Lucy, et auquel l'excessive légèreté de ses mœurs avait valu une certaine célébrité, dans tout le pays.

Les pères et les maris mettaient sous clef leurs femmes et leurs filles du plus loin qu'ils reconnaissaient le chevalier, son habit de chasse à boutons ciselés, son fouet à manche de corne et sa grande jument pie, anglo-normande.

Ces précautions sages n'empêchaient point M. de Lucy d'avoir semé à droite et à gauche, à en croire la rumeur publique, presque autant de bâtards que Louis le Bien-Aimé, quinzième du nom, de royale et amoureuse mémoire, ou que le bon roi d'Yvetot, cette autre Majesté non moins célèbre.

> Aux filles de bonne maison,
> Comme il avait su plaire ;
> Ses sujets avaient cent raisons
> Pour le nommer leur père.

. . . .

Le chevalier était grand et maigre.

Son nez busqué, son front proéminent, ses yeux vifs, d'un gris très-clair, et ses lèvres sensuelles, lui donnaient une notable ressemblance avec les satyres, tels que nous les représentent les sculpteurs et les peintres.

Nous savons du moral une similitude avec ces demi-dieux fabuleux était plus frappante encore.

M. de Lucy, nous l'avons dit, toucha l'épaule de M. de Vezay.

— Que me voulez-vous, chevalier ? lui demanda ce dernier.

— Je veux vous montrer quelque chose.

— Quoi donc ?

— La plus jolie fille de France et de Navarre, mon cher comte...

M. de Vezay se mit à rire.

— Toujours le même ! s'écria-t-il.

— Pardieu !...

— Vous ne pensez qu'aux jolies filles...

— Et aux jolies femmes, mon bon. Hors de là, point de salut !

— Hérétique !... dit le comte en riant toujours.

— Cupidon est mon Dieu ; à moi, et jamais il n'a rencontré de plus fervent adorateur.

— C'est juste, car vous ne négligez aucune occasion de brûler un grain d'encens sur ses autels... Enfin, vous prétendez que vous venez de découvrir une merveille...

— Un morceau de roi, mon cher comte !...

— Dans cette forêt ?

— A deux pas d'ici...

— Quelque nymphe bocagère, alors ?...

— Une nymphe bocagère en caraco d'indienne, en sabots et en bonnet rond...

— Une paysanne ?...

— Paysanne ou princesse, peu importe, mais c'est Vénus !... oui, Vénus en personne !

Rien n'était plus séduisant que l'enthousiasme mythologique du vieux libertin.

Ses yeux étincelaient.

Son nez proéminent avait des oscillations de concupiscence.

Il promenait avec sensualité le bout de sa langue sur ses lèvres.

M. de Vezay souriait en regardant tout le manège du Faublas d'âge.

— Eh bien ! mon cher chevalier, dit-il enfin, montrez-moi Vénus, puisque Vénus il y a... je ne suis pas fâché d'apprendre que j'ai des déesses sur mes domaines !...

M. de Lucy prit le comte par le bras, en lui disant :

— Venez.

Il le conduisit à une dizaine de pas du groupe des chasseurs, et, lui désignant avec le manche de son fouet une jeune paysanne qui, un peu isolée des bûcherons et des charbonniers, s'appuyait contre le tronc d'un bouleau sur le bord de l'étang, il ajouta :

— Regardez, et dites-moi ce que vous en pensez...

— Ah ! diable !... s'écria involontairement M. de Vezay.

Le chevalier sourit d'un air de triomphe et murmura entre ses dents :

— On s'y connaît, mon cher !... l'habitude !... la grande habitude !... sans compter qu'on a le goût sûr !... on s'y connaît, mon Dieu !...

Cependant M. de Vezay ne pouvait détacher ses regards de cette paysanne sur laquelle le chevalier avait attiré son attention.

XI

SUZANNE.

Nous ne saurions le nier !...

Ainsi que nous venons de le lui entendre dire à lui-même, le vieux chevalier de Lucy était un gentilhomme d'un goût sûr et d'une grande habileté de dénicher à l'endroit des jolies filles.

Seulement, ses anacréontiques et mythologiques comparaisons péchaient par le défaut de justesse.

La jeune paysanne qu'il venait de signaler à l'admiration du comte de Vezay était d'une ravissante beauté, mais n'offrait pas le plus léger point de ressemblance avec la très-légère moitié de boiteux Vulcain.

Quand Vénus Aphrodite sortit nue de l'écume des mers, sa longue chevelure, d'où ruisselaient en même temps les gouttes d'eau salée et les perles, emprunta sa couleur dorée aux rayons du soleil levant.

Vénus fut blonde.

Trouvez-moi donc un peintre quelconque, rapin ou maître, dont l'audace soit allée jamais jusqu'à glacer de noir d'ivoire, de bitume ou de terre de Sienne brûlée, les bandeaux crespelés de la déesse de Cythère!...

L'Institut, tout entier, reculerait d'horreur!...

Delacroix, lui-même, malgré ses hardiesses fougueuses, hésiterait, nous l'affirmons, devant une tentative de ce genre.

Or, la paysanne qui nous occupe était brune; brune comme la nuit tombante, brune comme une fille d'Arabie, brune comme l'Andalouse de Musset.

Ses cheveux étaient noirs.
Ses sourcils, noirs.
Ses yeux, noirs.
Son teint, bruni.

Sa taille, fine et simple, se cambrait avec une merveilleuse désinvolture sous la grossière étoffe de son caraco.

Son petit bonnet de grosse toile ne pouvait contenir qu'à peine la splendide opulence de ses cheveux doux et brillants, à reflets bleuâtres.

Sa main, hâlée par le soleil, offrait une forme charmante.

Ses petits sabots, recouverts à moitié par un carré de peau d'agneau, étaient trop grands pour ses pieds.

Bref, c'était une délicieuse fille, une merveilleuse créature.

Mais une *Vénus*, non!... dix fois non!...

M. de Lucy sembla se complaire, pendant quelques secondes, à observer l'admiration qu'il avait provoquée chez le comte de Vezay.

Puis, touchant du coude le coude de son interlocuteur, et clignant de l'œil, il dit :

— Eh bien?...
— Très-belle!... répondit M. de Vezay; oh! très-belle!...
— N'est-ce pas?... mais, mon cher, vous devriez la connaître...
— C'est la première fois que je la vois.
— Vrai?
— Je vous l'affirme.
— C'est étonnant!...
— Pourquoi?
— Parce que, ainsi que vous le disiez tout à l'heure, nous sommes ici sur vos domaines, et que cette champêtre divinité doit être la fille de quelqu'un de vos fermiers, bûcherons ou charbonniers...
— C'est possible, c'est même probable; mais je n'ai point la prétention de connaître individuellement tout ce monde qui peuple mes terres et mes forêts...
— Grand tort, mon cher!... en voilà la preuve!... Que diable!... quand on possède un trésor, il faut le savoir... Ah! vertugadin!... comme disait mon bisaïeul!... ah! vertugadin!... si je jouvencelle était de mes vassales!...
— Vous ressusciteriez, en 1820, le plus gaillard des droits du seigneur?... demanda M. de Vezay en riant.
— Ma foi, oui, et, parole d'honneur, je rendrais à cette jolie *vilaine* son servage bien doux!... mais, ici, mon cher comte, nous sommes chez vous, et je ne me permettrais point de chasser sur vos terres...

M. de Vezay regardait toujours la jeune fille, qui, fort occupée de la curée, ne s'apercevait point de l'examen attentif dont elle était l'objet.

— Il faut, se dit le comte tout d'un coup, il faut que je sache le nom de cette belle créature.

Et, d'une voix retentissante, il appela :

— Hé! la Ramée!... ici...

Un piqueur, à la livrée du comte, se détacha du groupe des veneurs et s'empressa d'accourir auprès de son maître.

La paysanne, en entendant la voix de M. de Vezay, avait tressailli, était devenue très-rouge, mais n'avait point quitté la place qu'elle occupait contre le tronc du bouleau.

— La Ramée, dit M. de Vezay au piqueur en lui désignant la paysanne, connais-tu cette jeune fille?...

Le piqueur jeta les yeux dans la direction indiquée par le geste de son maître.

Un sourire méchant vint à ses lèvres, sourire aussitôt réprimé.

— Si je la connais, monsieur le comte? répondit-il; mais, oui, je la connais parfaitement.
— Comment s'appelle-t-elle?
— Suzanne, monsieur le comte.
— Son nom de famille?
— Guillot, Suzanne Guillot.
— Son père n'est-il pas un de mes bûcherons?
— Il l'était, monsieur le comte.
— Comment! il l'était! ne l'est-il plus?
— Le pauvre diable est mort il y a deux ans.
— Où cette jeune fille habite-t-elle maintenant?
— A deux cents pas d'ici, monsieur le comte; voilà le toit de sa chaumière, là-bas, à droite, sous les arbres.
— Avec qui demeure-t-elle?
— Toute seule.
— Toute seule! répéta M. de Vezay.
— Mon Dieu oui, monsieur le comte; sa mère avait été enterrée avant son père, il ne lui reste ni frère, ni sœur, pas de parents...
— Mais de quoi vit-elle? Elle n'a rien...
— Elle a ses deux bras, monsieur le comte; elle travaille pour les bûcherons et les charbonniers...
— Pauvre fille!... murmura M. de Vezay tout bas.

Puis, tout bas, il demanda :

— Est-elle sage?

Le piqueur eut aux lèvres un nouveau sourire ironique.

— Sage? monsieur le comte, répondit-il ensuite; on le dit... mais, dame! une belle fille comme ça, c'est chanceux...

M. de Vezay n'en voulait pas savoir davantage.

Il congédia la Ramée.

Le piqueur s'éloigna d'un air sournois et méchamment satisfait.

D'où venait ce contentement de mauvais augure?

Nous ne tarderons pas à le savoir.

Le vieux chevalier de Lucy avait écouté la conversation précédente en se dandinant sur une de ses maigres jambes de héron et en jouant avec le manche de corne de son fouet de chasse.

— Mon ben, dit-il à M. de Vezay avec un ricanement de faune, je sais bien à quoi vous pensez...
— Vous savez à quoi je pense? demanda le comte...
— Oui, pardieu!
— Eh bien! dites-le...

Le chevalier, pour toute réponse, se mit à fredonner l'air si connu du *droit du seigneur*.

M. de Vezay haussa les épaules.

— Mon cher chevalier, dit-il ensuite, vous devriez bien, vous qui savez tout, vous souvenir que je suis marié et que j'aime ma femme...
— Eh! pardieu! qu'est-ce que ça fait? riposta le vieux libertin; ce serait un triste coq que celui qui se contenterait d'une poule!

L'entretien en resta là.

Suzanne Guillot venait de disparaître derrière les arbres, pour regagner sa chaumière.

La chasse était finie.

Les hôtes de M. de Vezay et le comte lui-même remontèrent à cheval et se dirigèrent du côté du château.

Au moment où nous rejoignons nos personnages, il était dix heures du soir.

La salle à manger étincelait de lumières.

Le dîner, infiniment prolongé, touchait à sa fin; les vins généreux, un peu trop libéralement prodigués, avaient incendié les têtes les plus sages et jeté hors des gonds les plus fermés esprits.

M. de Vezay venait de congédier les domestiques, afin que leur absence laissât à la conversation toute la liberté et même toute la licence désirables.

Or, ces bons gentilshommes, mis en gaîté par les vins d'Espagne, s'en donnaient à cœur joie.

Aux récits de chasse, indispensable complément de tout repas de chasseurs, avaient succédé les contes grivois, les anecdotes graveleuses, les gaillardes aventures.

Pas un de ces honorables Tourangeaux qui ne fût, à l'en croire; un descendant de Lovelace, un arrière-cousin de Faublas, un héritier en ligne directe de don Juan.

Il y avait là d'excellents maris, de respectables pères de

famille, revenus depuis longtemps des vertes folies de la jeunesse, accompagnant les dimanches et fêtes leurs femmes et leurs filles à la grand'messe de l'église de leur village et faisant, par leur tenue pieuse, l'édification des paysans et des fermiers de leurs domaines.

Eh bien! c'étaient ceux-là, gens de mœurs patriarcales s'il en fut, qui, le xérès, le rota et le pacarette aidant, débitaient avec le plus de verve les gaudrioles les plus dégazées.

Au milieu de cette orgie de paroles, le chevalier de Lucy se trouvait dans son élément.

Sa réputation bien acquise d'immoralité et le nombre fabuleux de ses bâtards lui donnaient tous les droits du monde à la moins contestable suprématie.

On l'écoutait avec respect.

On applaudissait ses moindres paroles.

Il trônait!...

Seul, au milieu de tous ses convives, M. de Vezay ne prenait nulle part à ce déchaînement licencieux.

Non point que sa sobriété eût été plus grande que celle de ses compagnons de table.

Non point qu'il affichât une pruderie ridicule en pareille occurrence.

Mais sa pensée était ailleurs.

Où donc?

Eh! mon Dieu, pourquoi ne le dirions-nous point?

« Que celui qui est sans péché lui jette la première pierre!... »

Sa pensée errait dans la forêt, sous les bouleaux, sur les rives verdoyantes du petit étang.

Sa pensée y cherchait, à travers une éclaircie du feuillage, le toit de la chaumière où Suzanne Guillot vivait seule...

D'où venait cette préoccupation?

Le comte aimait la comtesse Marguerite, sa femme, il l'aimait exclusivement et par-dessus tout.

Mais cette brune jeune fille aux yeux noirs, entrevue un instant, avait agité ses sens, avait éveillé en lui l'essaim turbulent des désirs charnels.

Au milieu de l'infernal tapage que produisaient autour de lui le cliquetis des verres heurtés, l'éclat des voix stridentes et le bruit des chansons, le comte était poursuivi par l'image de Suzanne Guillot.

Un diabolique et incessant mirage la lui montrait, non plus sous les ajustements grossiers qui s'efforçaient, mais en vain, de dissimuler sa beauté puissante, non plus sous le bonnet rond de grosse toile, sous le caraco d'indienne, sous la jupe de futaine élimée, mais sous le costume négatif de cette déesse amoureuse à laquelle, en son langage si fleuri, le chevalier de Lucy l'avait comparée.

Certes, la vision était séduisante; mais, personne ne l'ignore, il est un moment où le plaisir lui-même, trop prolongé, devient douloureux.

Ce moment arriva pour M. de Vezay.

Il voulut se soustraire au joug de la voluptueuse obsession qui l'énervait.

Ce fut en vain.

Son imagination, violemment surexcitée, ne pouvait éloigner l'image enivrante de la brune paysanne, métamorphosée en la plus lascive de toutes les bacchanales.

Trois fois de suite M. de Vezay remplit son verre, et, trois fois de suite, il le vida d'un trait.

Il espérait, par l'ivresse du vin, chasser l'ivresse des désirs.

Il ne réussit qu'à ajouter quelques degrés de torride chaleur au feu liquide qui coulait déjà dans ses veines.

Il changea le brasier en fournaise.

Le comte s'efforça de prêter l'oreille à ce qui se disait autour de lui.

Dans la situation morale où il se trouvait, une distraction, quelle qu'elle fût, devenait d'un prix inestimable.

Le chevalier de Lucy s'était emparé de la parole et narrait, fort agréablement, ma foi, une anecdote de sa jeunesse.

Nous ne pouvons qu'indiquer ici, en quelques mots, le sujet de cette anecdote.

Quant aux détails, ils eussent été à leur place dans les *Mémoires de Jacques Casanova de Seingalt*, l'aventurier cynique et célèbre; mais notre chasteté de conteur nous fait un devoir de nous abstenir.

Chose bizarre ! cette aventure, l'un des nombreux souvenirs du passé galant de M. de Lucy, offrait une singulière analogie avec la position actuelle de M. de Vezay, et renfermait un enseignement funeste dont le comte ne devait, hélas! que trop bien profiter!...

XII

LA CHAUMIÈRE DE SUZANNE.

M. de Lucy racontait comme quoi, revenant un soir d'une excursion dans les environs de Tours, il s'était arrêté, pour y passer la nuit, à l'auberge du *Cheval-Blanc*, dans le petit village de Bernay.

Après un médiocre souper, il se promenait au clair de la lune dans les rues étroites du hameau, prenant le frais, ou plutôt cherchant fortune, *quærens leo quem devoret!* comme dit le psalmiste.

Il aperçut, assise sur un banc de bois, à la porte d'une maisonnette dont un beau pied de vigne ornait la modeste façade, une jeune fille qui lui sembla la plus charmante personne du monde.

La rencontre de cette jeune fille pouvait devenir le prologue d'une aventure, aventure difficile à conduire à bonne fin en quelques heures, mais par cela même plus piquante.

Or, M. de Lucy savait à merveille deux proverbes, l'un français et l'autre latin, fort encourageants tous les deux :

Qui ne risque rien n'a rien! disait l'un.

Audaces fortuna juvat! criait l'autre.

M. de Lucy résolut de risquer beaucoup, afin d'obtenir quelque peu, et de violenter par son audace les faveurs de dame Fortune, étrange femelle qui n'aime rien au monde autant que d'être prise de force.

Il commença par se renseigner auprès d'un jeune paysan qui passait, et dont il acheta les confidences au prix d'un petit écu.

Il apprit que la jeune fille se nommait Simone;

Qu'elle avait vingt ans;

Qu'on ne lui connaissait pas d'amoureux favorisé;

Qu'elle demeurait avec sa grand'mère, une vieille femme aux trois quarts aveugle et tout à fait sourde;

Que sa maison était la chaumière devant la porte de laquelle elle était assise;

Enfin, que sa chambre se trouvait au premier étage, et que cette chambre prenait jour sur la rue par l'unique fenêtre à moitié cachée sous les larges feuilles de la vigne.

Quant à la grand'mère, une paralysie de la jambe gauche la contraignait à habiter le rez-de-chaussée et à n'en point sortir.

Ces renseignements suffirent à M. de Lucy pour édifier son plan d'attaque.

Il attendit que la nuit fût sombre, que les rues fussent désertes, que le *dieu Morphée* eût *secoué ses pavots* sur tous les habitants du village.

Puis alors, grâce aux ceps de vigne qui lui fournissaient complaisamment les échelons d'une échelle improvisée, il grimpa le long du pignon de la maisonnette et il arriva à la hauteur de la croisée.

Tout le favorisait dans sa nocturne entreprise.

On était en plein été, la nuit était brûlante.

L'imprudente Simone avait, en se couchant, laissé sa fenêtre entr'ouverte.

Le chevalier poussa cette fenêtre, sauta sans bruit dans la chambre et courut droit au lit, dont son instinct de séducteur émérite lui fit deviner la situation.

Réveillée en sursaut par des caresses inattendues, Simone commença par avoir peur.

Elle cria un peu, pleura beaucoup, supplia fort.

Puis les cris, les pleurs et les prières cessèrent comme par enchantement.

Simone, complétement vaincue, prenait son parti de sa défaite avec une philosophie surprenante.

Ici, M. de Lucy jugea convenable d'entrer dans les plus intimes détails au sujet de sa bonne fortune de cette nuit du temps passé, bonne fortune qui lui avait paru tellement séduisante, qu'au lieu de se remettre en route le lendemain, il passa huit jours au village.

. . . .

Cette narration, pâle et insignifiante sous notre plume, mais rehaussée par le coloris aphrodisiaque du vieux libertin, obtint, grâce à l'ébriosité des convives, un succès colossal.

On applaudit à outrance.

On porta à dix reprises la santé du chevalier.

Il fut question de le couronner de roses, comme, jadis, Anacréon.

Quant à M. de Vezay, les brûlantes peintures qui venaient d'être mises sous ses yeux avaient agi ainsi qu'une application de cantharides sur son imagination déjà enflammée.

Il appelait de tous ses vœux le départ de ses convives, afin de mettre à exécution sans retard un projet qui venait de se formuler dans son esprit.

Enfin, ses vœux furent exaucés.

Les chasseurs partirent les uns après les autres, qui en voiture, qui à cheval.

M. de Vezay se retrouva seul.

Il pouvait être en ce moment minuit et quelques minutes.

Quel était ce projet dont nous venons de parler en passant ?

Mon Dieu, c'était tout bonnement la volonté bien arrêtée de suivre l'exemple du vieux conteur, et, de même que le chevalier était devenu par surprise l'amant de Simone, de devenir, de gré ou de force, le possesseur de la belle Suzanne Guillot.

Aussitôt que le comte eut entendu le bruit des roues de la dernière voiture se perdre dans l'éloignement, il quitta le perron du château, et livrant au souffle rafraîchi de la brise nocturne sa tête nue et brûlante, il s'enfonça dans les profondeurs du parc, en ayant soin de suivre l'allée qui le conduisait directement à la porte la plus voisine de l'étang près duquel avait eu lieu la curée du cerf.

Le comte atteignit cette porte.

Il l'ouvrit avec un passe-partout qu'il portait toujours sur lui, et il s'engagea dans la forêt.

Un quart de lieue, tout au plus, le séparait des bords de l'étang.

Cette courte distance fut bien vite franchie.

M. de Vezay aperçut le pâle reflet des étoiles dans l'eau sombre, dont un vent léger moirait la surface.

Il reconnut le bouleau contre lequel s'était appuyée la jeune fille.

Il s'orienta dans l'obscurité, et il ne tarda point à se trouver à côté de cette humble chaumière, dont le piqueur la Ramée lui avait montré le toit à travers une éclaircie du feuillage.

Le comte fit le tour de cette maisonnette.

C'était une hutte de bûcherons, dans la plus étroite et dans la plus misérable acception du mot.

Bâtie avec des troncs d'arbres ajustés les uns sur les autres, maintenus avec des lattes clouées en travers, et recouverts de terre glaise et de gazon, cette pauvre demeure n'avait qu'un rez-de-chaussée composé de deux pièces qui n'étaient ni planchéiées, ni même dallées.

Dans l'intérieur de la hutte, on marchait sur la terre nue.

Sous les rayons du soleil, la toiture de chaume semblait un véritable jardin, tant elle était envahie par une multitude de plantes parasites.

Il n'y avait que trois ouvertures.

La porte et deux fenêtres, une fenêtre pour chaque chambre.

Un barreau de fer, en forme de croix, divisait en quatre compartiments ces étroites lucarnes qui ne tamisaient qu'un jour douteux et incertain à travers leurs petits carreaux verdâtres, enchâssés dans du plomb.

La porte en bon bois de chêne s'ouvrait depuis le dehors au moyen d'un loquet de bois, et pouvait se verrouiller solidement en dedans.

On voit que, pour si misérable que fût cette demeure, elle ne pouvait cependant être emportée d'assaut à moins d'escalade, d'effraction et de violence.

C'est ce dont M. de Vezay se convainquit facilement, après avoir examiné avec attention les trois ouvertures.

La ressource de briser un carreau pour introduire son bras et ouvrir ensuite la fenêtre n'existait même pas, car la barre de fer en forme de croix était scellée du haut et du bas dans les troncs d'arbres.

Cependant M. de Vezay voulait entrer...

Mais comment faire ?

Il souleva le loquet de bois de la porte et il éprouva une insurmontable résistance.

Le verrou était poussé en dedans.

Il fallait rester en dehors, à moins que la porte ne fût ouverte par Suzanne elle-même.

Or, Suzanne ouvrirait-elle ?

Ceci était au moins incertain.

Tout autre sans doute aurait renoncé, en face de ces obstacles, à consommer un acte de coupable démence...

Mais une double et brûlante ivresse, d'autant plus terrible chez M. de Vezay qu'elle était plus rare, le poussait fatalement à poursuivre son œuvre maudite.

Il se souvint du proverbe mis en avant par M. de Lucy :

« Qui ne risque rien n'a rien !... »

Il résolut de jouer audacieusement le tout pour le tout, et, le cœur palpitant, la tête remplie de bruissements bizarres, il heurta à la porte.

Ce premier coup fut frappé si faiblement qu'il ne résonna qu'à peine dans le silence sonore de la nuit.

Suzanne ne l'entendit pas.

Le comte attendit pendant une demi-minute à peu près, puis, voyant que rien ne lui répondait, il frappa un second coup.

Celui-ci, plus énergique, éveilla un écho dans la chaumière et un autre dans la forêt.

Un faible bruit, un mouvement léger, se firent dans l'intérieur de la maison.

Puis un pas léger s'approcha de la porte.

Le souffle contenu d'une respiration agitée arriva jusqu'à M. de Vezay à travers les planches grossièrement mais solidement assemblées.

Enfin, une voix que la frayeur rendait à peu près indistincte demanda :

— Qui est là ?...

— Ouvrez... murmura le comte.

— Ouvrir !... à cette heure de la nuit !... par exemple !... Allons, passez votre chemin et laissez-moi dormir...

— Ouvrez, je vous en supplie, mademoiselle Suzanne... répéta M. de Vezay.

— Ah çà ! mais, encore une fois, vous qui tenez tant à entrer, qui êtes-vous ?

Avant de répondre, le nocturne rôdeur hésita.

Mais il comprit bien vite que, s'il avait une chance de voir la porte s'ouvrir devant lui, cette chance était dans l'aveu de son véritable nom.

Il répondit donc :

— Vous me demandez qui je suis, mademoiselle Suzanne... Je suis le comte de Vezay...

— Ah ! mon Dieu ! s'écria la jeune fille, est-ce que c'est bien vrai, cela ?...

— Je vous en donne ma parole d'honneur !

Il y eut un instant de silence.

Sans doute Suzanne délibérait avec elle-même.

Cette délibération fut courte.

Voici quel en fut le résultat.

— Notre monsieur, répondit la paysanne, cette mauvaise baraque où nous voici est à vous, puisque pauvre défunt mon père, qui était à vos gages, l'avait bâtie sur votre terrain... et avec votre bois... Je vous dois obéissance, notre monsieur, et j'aimerais mieux mendier mon pain que de vous manquer de respect ; mais, voyez-vous, me demander d'ouvrir ma porte à pareille heure et quand je suis toute seule, c'est plus qu'on ne peut en exiger d'une honnête fille ! N'ayez donc pas de colère ni de rancune contre moi, notre monsieur, je ne vous obéis pas... J'en ai le cœur chagrin... mais ce n'est point possible...

Ce langage, si digne et si noble, ne fit pas renoncer le comte à son projet infâme.

Le bandeau étendu par la passion sur son jugement était trop épais, et rien ne le pouvait déplacer.

La résistance imprévue de Suzanne Guillot n'eut d'autre résultat que d'inspirer à M. de Vezay un stratagème honteux et déshonorant.

Le gentilhomme ne rougit pas de mentir à la pauvre fille pour l'attirer dans un piège inévitable.

— Ainsi donc, murmura-t-il, ainsi, mademoiselle Suzanne, vous allez me laisser là, à votre porte, sans secours jusqu'au matin...

— Sans secours ! répéta la paysanne, et de quels secours avez-vous donc besoin, notre monsieur ?...

— Je me suis laissé tomber de cheval à cent pas d'ici, tout à l'heure ; j'ai le pied foulé... brisé peut-être... je me suis traîné, non sans peine, jusqu'auprès de votre chaumière... mais je ne puis aller plus loin, et je souffre horriblement...

Le bon cœur et la naïveté de Suzanne ne lui permirent pas de réfléchir à l'excessive invraisemblance du récit du comte.

— Ah ! mon Dieu !... s'écria la pauvre enfant, ah ! mon Dieu, si j'avais su !...

Et, sans prendre même le temps de passer un jupon, se croyant protégée d'ailleurs par l'obscurité pudique contre les regards indiscrets, Suzanne tira le verrou et ouvrit la porte.

M. de Vezay, afin d'éviter de raviver trop tôt la défiance de la jeune fille, s'était accroupi auprès du seuil.

— Donnez-moi votre main, dit-il, pour m'aider à me soulever...

Suzanne lui tendit les deux mains.

Le comte, feignant de ne pouvoir se servir que d'un seul de ses pieds, entra dans la chaumière, soutenu, ou plutôt soulevé par Suzanne.

Mais à peine avait-il dépassé le seuil de la demeure hospitalière, que les rôles changèrent.

M. de Vezay rejeta la porte en arrière, poussa rapidement le verrou, saisit entre ses bras la jeune fille éperdue et la couvrit de baisers brûlants.

Suzanne se débattit avec une énergie furieuse.

Elle mordit le comte, elle lui enfonça ses ongles dans les mains, elle appela à son aide, elle se tordit en sanglotant, elle pria Dieu de la protéger.

Tout fut inutile. Dieu resta sourd! Le comte fut sans pitié!...

A la lutte, aux cris, aux supplications, succédèrent la terreur et l'anéantissement.

On entendit pendant un instant des gémissements entrecoupés.

Puis un grand cri.

Puis, plus rien.

—

Tandis que M. de Vezay, après le départ de ses hôtes, s'éloignait du château et courait consommer son lâche attentat, il ne se doutait guère qu'il était suivi et épié.

Cela était cependant ainsi.

A partir du moment où le comte avait franchi la dernière marche du perron et s'était dirigé vers le parc, un homme, qui semblait régler son pas sur le sien, s'était attaché à sa poursuite.

Quand le comte allait plus vite, l'inconnu hâtait sa marche.

Tous deux arrivèrent ensemble auprès de la maisonnette de Suzanne.

L'inconnu assista, toujours invisible, au court dialogue que nous avons rapporté et dont on connaît le dénoûment.

Lorsque, aux gémissements sourds de la malheureuse fille succéda ce cri terrible, le dernier de tous! l'homme se frotta les mains.

Cet homme était le piqueur la Ramée.

XIII

LA SEULE ISSUE.

Quelques heures après, M. de Vezay, de retour au château et revenu à la raison, éprouva autant de honte que de remords de la détestable action qu'il avait commise en un moment d'incompréhensible folie.

Mais à quoi sert le remords quand il est impossible de le réparer?...

A rien, pas même quelquefois à préserver d'une nouvelle faute!...

Car le comte se souvint de la souveraine beauté de Suzanne, et ces souvenirs ardents ravivèrent la flamme de ses sens.

Il retourna à la chaumière.

Il trouva la jeune fille en proie au désespoir le plus profond.

Il s'efforça de la consoler.

Il n'y réussit que trop bien, et des entrevues nocturnes se succédèrent jusqu'à la veille du retour de madame de Vezay, c'est-à-dire pendant un mois et quelques jours.

M. de Vezay était coupable, mais non corrompu, et il n'avait même pas la pensée de continuer ses relations avec Suzanne presque sous les yeux de sa femme.

La résolution de rompre absolument avec sa passagère maîtresse était parfaitement arrêtée dans son esprit.

Il s'était juré à lui-même qu'entre elle et lui tout serait fini dès que la comtesse serait de retour, et il eut le courage de se tenir parole.

Hâtons-nous d'ajouter que le comte, galant homme comme il l'était, s'était promis en même temps de trouver quelque moyen ingénieux d'assurer à la jeune fille une existence libre et indépendante, sans la compromettre par ses bienfaits.

Un jour, une quinzaine environ après la dernière entrevue nocturne des deux amants, le comte suivait seul et à cheval un des sentiers de la forêt.

Un petit paysan déguenillé sortit d'un taillis, en quelque sorte sous les pieds de la monture de M. de Vezay, et s'approcha de ce dernier, son bonnet de coton rayé à la main.

Le comte crut que l'enfant lui demandait l'aumône.

Il prit une pièce de dix sous et, sans ralentir sa marche, il la lui jeta.

L'enfant ramassa la pièce blanche, la baisa, selon la coutume des paysans, avant de la glisser dans sa poche, puis, reprenant sa course, il atteignit de nouveau M. de Vezay, se maintint à la hauteur de son cheval, et lui dit :

— Merci bien, notre monsieur! mais ce n'est pas ça que je voulais...

Le comte arrêta sa jument.

— Ce n'est pas ça que tu voulais, mon garçon? demanda-t-il.

— Ah! dame! non, notre monsieur...

— Qu'est-ce que c'est donc?

— C'est quelque chose que j'ai à vous faire savoir...

— A moi?

— Dame! oui.

— Eh bien! parle.

— Alors, notre monsieur, si ça vous plaît, venez avec moi...

— Où?

— Vous verrez bien, monsieur... ça n'est pas loin...

— Je n'irai avec toi que si tu me dis dans quel endroit tu veux que je t'accompagne.

— Je ne peux pas vous dire ça, notre monsieur.

— Bah! et pourquoi?

— Dame! parce qu'elle m'a bien recommandé de ne rien vous expliquer de vous amener tout simplement... elle m'a répété plus de dix fois : *Nicaise, amène-le, mais sans lui dire où tu le mènes.*

M. de Vezay comprit, à l'instant même, qu'il s'agissait de Suzanne.

Il n'insista point et suivit l'enfant.

Au bout de cinq ou six minutes de marche, il aperçut la jeune fille, tristement assise sur la mousse, au pied d'un grand chêne.

Elle tenait sur ses genoux quelques fleurs sauvages qu'elle effeuillait avec une distraction manifeste.

Il était aisé de voir que sa pensée était absente.

Depuis le jour où Suzanne nous est apparue pour la première fois, curieuse, à la curée du cerf, la pauvre fille était bien changée.

Les belles teintes d'un brun rosé de ses joues avaient disparu.

L'ovale de son visage s'était allongé.

Un cercle bleuâtre et marbré se dessinait sous ses paupières gonflées et rougies.

En entendant le bruit des pas du cheval sur le sentier, Suzanne se leva vivement.

Elle laissa tomber le reste des fleurs sauvages qu'elle tenait encore, et elle attendit, les yeux baissés, émue, tremblante, le cœur palpitant.

Le petit garçon qui venait de servir de guide à M. de Vezay avait disparu dans le taillis aussitôt après avoir rempli sa mission. Nous ne tarderons guère à le voir reparaître dans votre forêt.

Le comte s'arrêta à quelques pas.

Il descendit de cheval, il attacha la bride de sa monture à un tronc d'arbre, et il s'avança vers Suzanne, à laquelle il prit affectueusement les mains.

— Eh bien! ma pauvre enfant! lui dit-il, vous avez désiré me voir et me parler...

— Oui, monsieur le comte.... balbutia Suzanne. Voici quatre jours que j'attends ici et que je fais courir le petit Nicaise à travers la forêt, espérant toujours que le hasard le conduirait sur votre passage... Aujourd'hui, je commençais à désespérer...

— Quatre jours que vous attendez, ma pauvre enfant! s'écria M. de Vezay.

— Oui, monsieur le comte.

— Vous avez donc à me dire quelque chose de bien important?

— De bien important et de bien triste... hélas! oui..

— Vous m'effrayez, Suzanne !.., parlez vite...
— Eh bien ! je suis encore plus perdue que je ne le croyais.
— Que voulez-vous dire ?
— Il arrive un malheur...
— Un malheur ?...
— Oui, le plus grand de tous !
— Lequel ?

Suzanne laissa tomber sa tête pâlie sur son sein, et, après un instant d'hésitation, elle répondit :
— Je suis grosse...

M. de Vezay recula d'un pas...
— Grosse !!! répéta-t-il. Ah ! mon Dieu !...
— Vous voyez, balbutia Suzanne, vous voyez que j'avais raison de parler d'un malheur !...
— Mais, ma pauvre enfant, êtes-vous bien sûre de ne pas vous tromper ?

Le cou de la jeune fille, ses joues, et jusqu'à son front, devinrent écarlates.

M. de Vezay répéta sa question.
— Si j'en suis sûre ! balbutia Suzanne, oh ! trop sûre !

Le comte était atterré.

La possibilité d'une grossesse ne s'était pas même, jusqu'alors, présentée à son esprit.

Or, la chose imprévue et foudroyante arrivait...

Comment s'y prendre pour éviter un scandale et un éclat imminents ?

Comment cacher à la comtesse un événement qui serait bientôt, sans doute, la nouvelle et la fable de tout le pays ?

Un moment de coupable folie portait ses fruits empoisonnés !

Peut-être M. de Vezay allait-il payer au prix du repos perdu de son intérieur, au prix du bonheur brisé de toute sa vie, quelques heures de voluptés adultères !...

Quoi qu'il en pût coûter, il fallait détourner la foudre !

Mais, encore une fois, comment ?

Voilà ce que se demandait le comte, plongé dans les abîmes d'une perplexité profonde, tandis qu'auprès de lui Suzanne pleurait et se tordait les mains.

Soudain, une idée traversa l'esprit de M. de Vezay, idée triomphante et lumineuse s'il en fut.

Le sombre découragement empreint depuis quelques minutes sur son front s'effaça comme par enchantement.
— Sauvés ! s'écria-t-il, nous sommes sauvés !...
— Sauvés ? répéta Suzanne en interrogeant le comte du regard.
— Oui, ma chère enfant, complètement sauvés.
— Mais comment ?
— Par le plus simple et le meilleur de tous les moyens... il faut vous marier... et je me charge...

La pâleur qui depuis un instant avait envahi le visage de la jeune fille disparut de nouveau pour faire place à une rougeur éclatante.

Puis elle secoua tristement la tête et murmura :
— Qui voudra de moi, maintenant ?
— Qui voudra de vous ? s'écria le comte. Il serait, ma foi, bien difficile celui qui n'en voudrait pas ! Trop heureux, mille fois trop heureux l'homme qui deviendra votre mari... Suzanne, soyez franche avec moi... Voyons, le serez-vous ?
— Je vous le promets.
— Eh bien ! dites-moi, jusqu'au jour où je vous ai vue pour la première fois, est-ce que personne ne vous avait fait la cour ?
— Si, monsieur le comte. Un homme... un seul...
— Jeune et joli garçon, sans doute ?
— Ni l'un ni l'autre, mais il voulait m'épouser, et je crois qu'il m'aimait bien...
— Suzanne, est-ce que je connais cet homme ?
— Oui, monsieur le comte.
— C'est un de mes fermiers, peut-être, ou de mes bûcherons ?...
— C'est un de vos serviteurs...
— Lequel ?
— Votre garde-chasse, Caillouët.
— Caillouët ! s'écria le comte ; c'est un vilain hibou pour une gracieuse colombe comme vous. Mais, s'il ne vous déplaît pas trop, vous l'épouserez, et je crois qu'il pourra vous rendre heureuse.
— Caillouët ne m'épousera pas, monsieur le comte...
— Bah ! et pourquoi ?
— Parce qu'il est homme d'honneur, et qu'il n'acceptera ni la faute que j'ai commise, quoique la violence seule, vous le savez, m'ait rendue coupable, ni l'enfant que je porte dans mon sein...

— Qui lui dira tout cela, je vous prie ? demanda le comte.
— Ne faut-il donc pas qu'il le sache ?
— En aucune façon !...
— Mais, l'épouser sans lui révéler la vérité, ce serait le tromper d'une manière indigne !...

M. de Vezay haussa les épaules.

Puis il employa toute son éloquence et tous les raisonnements solides ou boiteux qu'il put rassembler, pour prouver à Suzanne que ce qu'il lui proposait se faisait tous les jours, et que c'était dans le monde une chose si simple, que personne ne songeait seulement à s'en étonner.

La paysanne résista longtemps.

L'admirable rectitude de son jugement lui criait que c'était une action odieuse que de tromper sur son passé un honnête homme venant à vous plein de confiance et d'amour.

Mais, M. de Vezay, qui, pour sortir d'une position périlleuse au premier chef, ne voyait d'autre issue possible que le mariage de Suzanne, M. de Vezay, disons-nous, résolut de l'emporter de haute lutte. Il entassa arguments sur arguments, et fit donner en bataille rangée l'armée des sophismes les plus concluants.

Bref, fatiguée de son inutile défense, convaincue ou non, Suzanne céda, et promit de ne point entraver par une révélation intempestive les projets matrimoniaux du comte.

Lorsque M. de Vezay quitta la jeune fille, il était à peu près tranquillisé sur l'avenir, et il ne mettait point en doute la possibilité de conduire à bonne fin le projet qu'il avait conçu.

———

Il nous paraît utile de remettre en ce moment, sous les yeux de nos lecteurs, le portrait qu'au commencement de ce livre, nous tracions du garde-chasse Caillouët.

Caillouët, disions-nous, était un homme de haute taille, et de quarante-deux à quarante-cinq ans, environ.

Ses cheveux épais, très-crépus, et jadis d'un blond équivoque, grisonnaient déjà sur les tempes et au sommet du crâne.

Une épaisse couche de hâle, rendait basané, comme celui d'un Indien, son visage aux traits durs, recouverts d'une peau rugueuse.

D'épaisses moustaches ombrageaient sa lèvre supérieure, et une barbe d'un blond rougeâtre couvrait entièrement la partie inférieure de sa figure.

Somme toute, l'impression produite à la première vue par Caillouët devait être et était réellement très-désagréable, et un examen plus approfondi augmentait cette répulsion au lieu de la diminuer.

En effet, le regard du garde-chasse était un de ces regards faux et fuyants qui dénotent rarement une bonne nature et d'honnêtes instincts.

Un jury, composé des plus inoffensifs bonnetiers du monde, se serait senti disposé à condamner Caillouët, rien que sur sa mine.

Malheureusement, cette mine n'était pas entièrement trompeuse.

Non point cependant que le garde-chasse fût un homme foncièrement mauvais et corrompu, mais il avait un caractère sournois, jaloux, emporté, et des passions d'une violence extrême, qui, une fois surexcitées, pouvaient le conduire à tous les excès, à tous les crimes peut-être.

Depuis vingt ans Caillouët était au service de M. de Vezay, et malgré cette longue suite de rapports journaliers et bienveillants de la part du comte, le serviteur n'éprouvait pour son maître qu'une affection froide, qu'un dévouement borné.

Le comte, peu familiarisé avec l'étude du cœur humain, avait donné toute sa confiance à Caillouët, croyant qu'un cœur chaud et un attachement sans bornes se cachaient sous cette rude écorce.

Grâce à cette conviction, le garde-chasse se voyait l'objet de nombreuses préférences de la part de son maître.

Ces préférences avaient suscité bien des jalousies parmi les autres serviteurs du château.

La livrée, en masse, exécrait le garde-chasse, d'abord et surtout, parce qu'il était, ou parce qu'on le croyait le favori du maître ; et, ensuite, à cause de l'insociabilité de son caractère et de la rudesse presque brutale de ses formes.

Un des piqueurs, surtout, avait voué à Caillouët une aversion sans bornes, aversion qu'il dissimulait de son mieux, car le garde-chasse lui inspirait autant de frayeur que de haine, depuis un certain jour où, à la suite d'une courte discussion, il en avait reçu des coups de fouet de chasse qu'il n'avait point osé rendre.

Ce piqueur avait nom la Ramée.

Il éprouva une joie des plus vives lorsqu'il s'aperçut que Caillouët était passionnément amoureux de Suzanne Guillot.

Avec son instinct ennemi, il devinait que, de ce côté-là, sans doute, le garde-chasse deviendrait facilement vulnérable.

Aussi, nous l'avons vu sourire avec une joie méchante quand M. de Vezay, en compagnie du chevalier de Lucy, s'était adressé à lui pour avoir des renseignements sur la belle paysanne.

Nous l'avons vu se faire espion pour suivre le comte dans le parc après le souper des chasseurs, s'attacher à ses pas, l'accompagner de loin jusqu'à la chaumière de Suzanne.

Nous l'avons vu, enfin, se frotter joyeusement les mains, quand il crut comprendre que la jeune fille venait d'être complétement vaincue.

La bien-aimée de Caillouët était la maîtresse du comte!... Quelle joie et quel triomphe pour un ennemi!...

La Ramée se promit de prendre son temps et, dût-il même exposer sa peau à une nouvelle volée de coups de fouet ou de coups de bâton, de tirer bon parti du secret qu'il venait de surprendre.

Voilà quelle était la situation de nos principaux personnages au moment où M. de Vezay décidait de marier Caillouët et Suzanne.

XIV

LE MARIAGE.

Le lendemain du jour où la grossesse de Suzanne avait été révélée par la jeune fille à M. de Vezay, ce dernier fit dire dans la matinée à Caillouët qu'il avait l'intention de visiter une partie de ses bois, et qu'il eût à se tenir prêt pour l'accompagner.

Le garde-chasse prit sa carabine et attendit les ordres du comte.

M. de Vezay sortit du parc avec Caillouët, et, l'engageant à lui donner son avis au sujet d'un nouveau mode d'exploitation qu'il voulait introduire dans ses forêts, il l'obligea à marcher côte à côte avec lui.

Le comte et le garde-chasse visitèrent pendant plusieurs heures des travaux commencés ; puis, M. de Vezay reprit le chemin du château, mais non celui qu'il avait suivi pour s'en éloigner, causant toujours avec son compagnon et s'arrangeant de façon à passer à une très-petite distance de la chaumière de Suzanne Guillot.

Aussitôt que cette chaumière fut en vue, la préoccupation de Caillouët devint manifeste, du moins pour un regard prévenu, comme l'était celui du comte.

Suzanne ne se montra point.

La porte resta close.

Quand la maisonnette fut dépassée, Caillouët se retourna à deux ou trois reprises, espérant sans doute que le bruit des pas sur les feuilles mortes aurait attiré l'attention de la jeune fille, et qu'elle apparaîtrait sur le seuil de sa chaumière.

Il n'en fut rien.

Seulement, le comte dit à son compagnon :

— Que regardes-tu donc là, Caillouët?

— Moi, monsieur le comte? fit le garde-chasse d'un air étonné.

— Oui, toi.

— Je ne regarde rien, monsieur le comte...

— Alors, pourquoi, depuis un instant, retournes-tu la tête à chaque pas?... Est-ce que, par hasard, tu aurais entrevu ou deviné un chevreuil dans les broussailles?...

— Ma foi non, monsieur le comte, je n'ai vu ni cerf ni chevreuil.

M. de Vezay ne sembla point insister.

Seulement, il demanda :

— Caillouët, cette chaumière que voilà, là-bas sur la gauche, à qui donc est-elle?

— Elle était à l'un de vos anciens bûcherons, monsieur le comte, répondit le garde-chasse.

— Qui s'appelait?...

— Le père Guillot.

— N'est-il pas mort il y a deux ou trois ans?

— Oui, monsieur le comte.

— Avait-il des enfants?

— Une seule fille.

— Habite-t-elle encore mes propriétés, cette fille du père Guillot?

— Oui, monsieur le comte, elle demeure dans cette hutte où son père est mort.

— Toute seule?

— Toute seule, monsieur le comte, et travaillant rudement pour vivre, car c'est une courageuse enfant.

— Triste position pour une jeune fille! murmura le comte.

Caillouët fit un signe affirmatif.

M. de Vezay poursuivit :

— Est-elle jolie autant que courageuse? demanda-t-il.

— Elle est belle comme on se figure les anges, monsieur le comte, répondit le garde-chasse.

— En vérité?...

— Et aussi sage que belle... heureusement!... car, sans cela, sa beauté serait un grand malheur pour elle!...

— Le père Guillot avait travaillé longtemps pour moi, n'est-ce pas, Caillouët?

— Mais, quarante ou cinquante ans, tant pour le père de monsieur le comte que pour monsieur le comte lui-même...

— C'est un vieux et fidèle serviteur... Je regrette de n'avoir jamais rien fait pour lui... Malheureusement il est trop tard... seulement, il me vient une idée...

— Une idée? répéta le garde-chasse.

— Oui.

Caillouët regarda son maître comme pour l'interroger.

M. de Vezay reprit :

— Ce que je n'ai point fait pour le père, je veux le faire pour la fille...

— Suzanne n'a besoin de rien, monsieur le comte, balbutia Caillouët d'une voix indistincte.

Le comte ne parut pas avoir entendu et continua :

— Je veux la marier.

Le garde-chasse pâlit légèrement.

— Belle, sage et travailleuse comme tu le dis, poursuivit M. de Vezay, et avec une petite dot que j'ajouterai à ses autres qualités, lui trouver un mari sera bien facile. J'y vais songer...

Caillouët semblait en proie à une émotion extraordinaire.

Après un instant de silence, le comte s'écria :

— Mais, j'y pense, Pierre Thibaut, le fils de mon fermier des Charmettes, est justement d'âge à prendre femme... Je vais lui faire épouser mademoiselle Guillot... C'est un brave et beau garçon que Pierre Thibaut, il rendra sa femme heureuse... Que penses-tu de mon projet, Caillouët?

Le garde-chasse était devenu livide.

— Monsieur le comte, murmura-t-il en joignant les mains d'un air suppliant, au nom du ciel, ne faites pas cela!...

— Quoi?.. que me faut-il pas que je fasse? demanda M. de Vezay d'un air étonné.

— Ne vous occupez pas de marier Suzanne...

— Tu tiens donc à ce qu'elle ne se marie point, cette jeune fille?

— Oh! monsieur le comte, plus qu'à tout au monde!

— Ah bah! et pourquoi?

Caillouët hésita manifestement.

Un violent combat se livrait en lui-même.

Ses traits étaient bouleversés et de grosses gouttes de sueur perlaient sous la visière de sa casquette de chasse.

— Pourquoi je tiens à ce que Suzanne ne se marie point? répondit-il enfin. Pourquoi, monsieur le comte?... Parce que je l'aime...

— Tu l'aimes! s'écria le comte.

— Cent fois plus que ma vie!

— Eh! mon pauvre Caillouët, que ne parlais-tu plus tôt?

— Je n'osais pas...

— Et la jeune fille connaît-elle ton amour?

— Je le lui ai dit, monsieur le comte.

— Le partage-t-elle?

— Pas encore... j'en ai bien peur... mais plus tard, peut-être...

— L'amour dans le mariage, n'est-ce pas? Eh bien, Caillouët, mon projet subsiste toujours... il n'y aura qu'un nom de changé, le principal, celui du futur... Au lieu de faire épouser mademoiselle Guillot à Pierre Thibaut, c'est à toi que je la donnerai... Cela te va-t-il?

Pour la première fois, depuis qu'il était au monde, le garde-chasse sentit une reconnaissance sans bornes inonder son cœur.

ar un mouvement étrange, et sans précédents chez cette
tre rude et brutale, il saisit l'une des mains de M. de Ve-
et il la porta à ses lèvres.
e comte, sachant bien qu'il commettait en ce moment
 mauvaise action, ne put maîtriser sa honte involontaire
ougit jusqu'au blanc des yeux.
ais Caillouët ne s'en aperçut pas.
— Ainsi, s'écria-t-il avec effusion, ainsi, monsieur le comte,
t bien vrai !... vous me permettrez d'épouser Su-
ne ?...
— Et je te donne mille écus pour entrer en ménage et
r acheter le trousseau de ta femme... Je double tes gages,
 te promets de faire élever à mes frais vos enfants, si
s en avez...
— Allons, se dit en lui-même Caillouët, dont le cœur se
lait, allons, j'ai un bon maître, et je dois bien l'aimer...
 quinze jours d'ici le mariage, reprit M. de Vezay. Je
 rentrer seul, Caillouet; tu peux me quitter si tu veux et
 r annoncer cette bonne nouvelle à celle que tu aimes...
e garde-chasse ne se fit point répéter deux fois cette per-
sion.
l remercia de nouveau son maître, et il se dirigea rapi-
ent vers la chaumière de Suzanne Guillot.

———

insi que l'avait dit M. de Vezay, le mariage du garde-
sse et de la paysanne fut célébré au bout de quinze jours
s l'église paroissiale du village.
I. de Vezay ne s'était point senti le courage ou le cynisme
ssister à la cérémonie nuptiale, à laquelle il avait envoyé
s les domestiques du château, vêtus de leurs livrées de
, et portant à la boutonnière de grosses touffes de rubans
ncs.
e piqueur la Ramée se faisait remarquer, entre tous, par
rofusion de ses rubans.
l en avait mis partout.
)es paquets de faveurs flottaient à la cocarde de sa cas-
ette.
)'autres à son gilet.
)'autres à chacun des boutons de son habit.
l en avait autour du bras droit et aussi autour du bras
che.
olontiers, nous penchons à le croire, il aurait attaché ses
liers avec des rubans blancs.
— Vivent les mariés !... criait-il à tue-tête, en tirant à tort
 travers les coups de pistolet chargé à poudre ; vivent
 mariés ! Vivent Caillouët et Suzanne !... qu'ils soient heu-
x et qu'ils aient beaucoup d'enfants !...
ous son costume virginal, sous sa couronne de fleurs
ranger, la mariée était charmante.
Iais elle semblait profondément préoccupée, et sa pâleur
nnait tous les assistants.
)uelques-uns trouvaient qu'elle avait les yeux un peu
ges, et que ses paupières gonflées attestaient des pleurs
ents.
Caillouët, lui, radieux, transfiguré, offrait un visage aussi
iriant que sa physionomie paraissait d'habitude sombre et
rose.
l ne s'apercevait en aucune façon que sa fiancée marchait
'autel comme autrefois les victimes humaines allaient au
rifice, avec résignation, mais avec désespoir.
'excès de la joie l'aveuglait !
l était ivre de bonheur !...
orsque le vieux curé de Vezay lui demanda, selon l'usage
isacré, s'il prenait Suzanne Guillot pour sa femme et lé-
me épouse, il répondit : *Oui*, d'une voix retentissante qui
rembler les voûtes de l'église.
'est à peine si l'on entendit la réponse de Suzanne, in-
rogée de la même façon.
omme d'ailleurs cette réponse n'était point douteuse, le
ux curé l'interpréta dans le sens de l'affirmation.
l prononça ensuite quelques paroles courtes et tou-
ntes.
l dit à Suzanne qu'elle serait une honnête femme et une
ne mère de famille, parce qu'elle avait été une fille pure
ans reproches, et qu'elle ne serait point trompée, parce
elle n'avait trompé personne.
La malheureuse enfant se sentit défaillir et fut au moment
 perdre entièrement connaissance.
Iais un effort terrible et désespéré, un de ces efforts qui
quent la vie dans sa source même, lui permit de do-
er son émotion et de faire bonne contenance jusqu'au
it.

Enfin, la cérémonie s'acheva et les époux sortirent de
l'église.
Ce mariage avait impressionné différemment les habitants
du village et des alentours, accourus en foule pour assister
à cette solennité.
— Elle n'avait pas l'air trop contente, sais-tu bien, la pe-
tite Suzanne, disait une femme à sa voisine.
— Ma foi, il n'y avait pas de quoi non plus, répondait la
commère interpellée.
— Comment, pas de quoi ?...
— Que non, da !...
— Mais notre monsieur le comte leur a donné trois mille
francs en beaux écus, sais-tu bien ?...
— Trois mille francs, c'est un joli denier, mais ça ne fait
pas le bonheur...
— Ça ferait le mien tout de même, da !...
— Parce que tu es une *vieille gent*... mais la Suzanne
qu'est une jeunesse, j'ai dans l'idée qu'elle aurait mieux
aimé un jeune mari que les trois mille francs...
— Tiens !... Caillouët n'est pas déjà si vieux non plus !...
il n'a pas encore cent ans, cet homme !...
— Il en a tout de même plus de quarante-cinq, sais-tu
bien ?
— C'est pas vieux, ça, da !
— C'est vieux pour la Suzanne, qu'en a pas encore dix-
huit... et qu'est belle comme tout...
— Oh ! quant à ce qui est d'être beau, Caillouët ne l'est
pas, oh ! ça non !...
— C'est lui qu'avait l'air joliment content, tout de même !...
— Ces vieux vilains merles-là, ça n'aime que les jeunes
alouettes !...
— Oui, dit une troisième commère avec une inflexion mé-
chante. Mais quand le mari est un vilain merle et la mère
une gente alouette, sais-tu, toi, quels œufs on trouve dans
le nid ?
— Ma foi, non.
— Des œufs de coucou...
Un immense éclat de rire accueillit cette saillie, à laquelle
une croyance populaire généralement accréditée prêtait un
sens acerbe et méchant.
Le piqueur la Ramée se trouvait auprès de là.
Il avait entendu.
Plus que personne il applaudit, et, pendant quelques secondes, on l'entendit crier à tue-tête :
— Bravo ! la Thérèse !... bravo, la mère !... Des œufs de
coucou !... des œufs de coucou !...
Hâtons-nous d'ajouter qu'au moment où la Ramée se
livrait aux manifestations bruyantes d'une joie excentrique,
Caillouët était trop loin pour que les cris du piqueur arri-
vassent jusqu'à lui.
Dans le cas où le contraire eût été possible, nous prenons
sur nous de l'affirmer, la Ramée aurait eu soin de s'abstenir
avec la plus prudente réserve.

———

Le reste de la journée se passa dans l'observance des *us*
et coutumes de toutes les noces villageoises.
Le cortège nuptial se promena longuement à travers les
rues et les carrefours, et même dans les sentiers des
champs et sous les grands arbres de la forêt, précédé par
un ménétrier raclant du violon.
Puis vint le banquet, qui ne dura pas moins de cinq heures.
On vida force bouteilles à la santé des époux.
Force coups de fusil furent tirés en leur honneur.
Enfin arriva la nuit, et, avec la nuit, la solitude, et, avec
la solitude, un bonheur sans mélange pour Caillouët, une
indicible torture physique et morale pour Suzanne.

XV

NICAISE.

Sept mois s'étaient écoulés depuis le jour du mariage du
garde-chasse et de la paysanne.
Une quinzaine de jours, tout au plus, séparaient les faits
que nous allons raconter de cette terrible nuit du 20 septembre 1820, pendant laquelle tant de foudroyantes catastrophes devaient se consommer.

Le temps, ce grand endormeur, avait produit son effet accoutumé.

Suzanne Guillot, devenue madame Caillouët, avait recouvré, sinon sa gaîté et son insouciance d'autrefois, du moins le calme de l'âme et le repos de l'esprit.

La blessure, si longtemps saignante au fond de son cœur, s'était peu à peu cicatrisée.

Elle se pardonnait à elle-même d'avoir trompé son mari avant de l'épouser, en voyant combien il était réellement heureux.

Elle s'étourdissait avec ce sophisme : Cela ne peut pas être une faute bien grave que celle dont les résultats amènent un grand bonheur.

Quant à Caillouët, une incroyable métamorphose s'était opérée en lui.

Comme le serpent fait peau neuve, il avait dépouillé son humeur farouche et ses rudes façons d'autrefois.

La vie lui apparaissait désormais souriante, et il souriait à la vie.

Que lui manquait-il, en effet ?

N'avait-il point pour femme cette jeune fille longuement et silencieusement adorée, et qui réunissait beauté, sagesse et courage ?

N'allait-il pas bientôt être père, père d'un petit enfant brun et fort, dont il dirigerait les premiers pas sur les gazons épais de la forêt ?

Enfin, la tranquille avenir de sa vieillesse, si Dieu lui envoyait de longues années, n'était-il point assuré ?

Caillouët se disait tout cela, et il se sentait reconnaissant, envers Dieu d'abord, envers M. de Vezay ensuite.

Nous avons parlé plus haut des passions violentes et indomptables du garde-chasse.

Nous avons dit qu'il était susceptible de devenir jaloux jusqu'à la frénésie.

Cette jalousie, innée au cœur de Caillouët, n'était pas morte ; mais elle sommeillait et ne donnait point signe de vie.

Cela se comprend sans peine.

Un prétexte, si léger qu'il fût, manquait aux soupçons jaloux, et comme jadis la femme de César, Suzanne ne *pouvait* pas être soupçonnée.

Voilà quelle était la situation des deux époux au moment où nous les retrouvons.

Cependant, depuis à peu près un mois, un nuage passait, à certaines heures, sur la complète félicité de Caillouët, nuage qui n'obscurcissait en rien les joies de son intérieur.

Malgré le redoublement de vigilance et d'activité qu'il déployait, le garde-chasse avait la conviction, disons mieux, la certitude que des braconnages effrénés se commettaient dans les forêts confiées à sa surveillance.

Il savait de science certaine que, plusieurs fois par semaine, arrivaient à Tours des sangliers et des chevreuils tués dans les bois du comte de Vezay.

Caillouët aurait donné de grand cœur deux doigts de sa main gauche pour surprendre en flagrant délit ces audacieux destructeurs de gibier.

Il se multipliait en quelque sorte.

Jour et nuit sur pied, il était partout à la fois.

Et tout cela en pure perte !

Les invisibles braconniers déjouaient ses ruses les mieux ourdies, éventaient ses traquenards les plus habilement tendus...

Vainement les piqueurs du château lui venaient en aide pour ses battues.

Parfois, au beau milieu du jour, tandis que gardes et piqueurs sillonnaient la forêt, on entendait retentir un coup de fusil ironique.

Il y avait un chevreuil ou un sanglier de moins en vie, on en pouvait jurer hardiment.

Mais, quant au délinquant et quant au corps du délit lui-même, impossible de leur mettre la main dessus.

Caillouët se donnait au diable et il maigrissait à vue d'œil.

Un beau jour une idée lui vint.

Dans le pays, vivait, ou plutôt vivotait, un jeune garçon de dix à douze ans, qu'on appelait *Nicaise*, et qui n'est pas complétement inconnu de nos lecteurs.

Ce jeune garçon, moitié pâtre et moitié mendiant, abandonné jadis dans un fossé par une troupe de saltimbanques coureurs de foires, subsistait aux dépens de la charité publique.

Il recevait à droite et à gauche un morceau de pain ; il couchait tantôt dans une écurie, tantôt dans une grange, tantôt enfin dans l'une de ces meules de paille que les fermiers tourangeaux construisent d'une façon si pittoresque au milieu des champs.

Nicaise cherchait quelquefois à se rendre utile, soit en conduisant les brebis au pâturage, soit en aidant à la récolte des pommes de terre.

Mais les instincts de sa nature bohémienne et vagabonde l'empêchaient de se livrer à un labeur un peu suivi, et, aussitôt qu'il avait reçu le pain quotidien, comme salaire ou comme aumône, il recommençait ses courses sans but sur les bords de la Loire ou sous les couverts de la forêt.

Très-petit pour son âge, faible et malingre, mais intelligent comme un sauvage et rusé comme un singe, Nicaise passait à bon droit pour un *futé matois* dans tout le pays.

Or, cette idée venue à Caillouët, et dont nous parlions tout à l'heure, était de prendre Nicaise à sa solde et de se servir de lui pour découvrir les braconniers.

L'idée était bonne d'ailleurs, la suite le prouvera.

Caillouët se mit aussitôt en quête de l'enfant.

Il le trouva, couché sur un tas de mousse, au coin d'un bois, et dormant au soleil comme un vrai lazzarone.

— Hé ! Nicaise ! lui cria-t-il en le touchant du bout du canon de sa carabine.

L'enfant, réveillé en sursaut, bondit sur ses pieds et étala ses haillons avec toute l'assurance d'un vrai petit mendiant de Callot.

— Tiens, c'est vous, m'sieu Caillouët, dit-il en se frottant les yeux avec ses deux poings. Pourquoi donc que vous m'avez réveillé ?... je dormais si bien...

— Je t'ai réveillé, faits moucheron, parce que j'ai quelque chose à te dire...

— C'est peut-être à cause des lacets qu'on a tendus pour les lapins dans le bois de la Carrière ? interrompit l'enfant ; je sais qui c'est, mais ce n'est pas moi.

— Eh ! il ne s'agit ni de lacets ni de lapins, dit Caillouët.

— Tiens ! tiens ! tiens ! de quoi donc qu'il retourne ?

— Sais-tu ce que c'est qu'un écu de cinq francs ?

— Ah ! dame ! oui, je le sais... Ça vaut cent sous, c'est blanc, c'est rond, il y a dessus une petite figure et ça fait *dzing* quand ça tombe.

— As-tu jamais eu un écu, toi, Nicaise ?

L'enfant se mit à rire.

— Allons, vous vous moquez de moi, m'sieu Caillouët !.., dit-il ensuite.

— Pourquoi ça ?

— Où donc que je l'aurais pris, cet écu, mon Dieu !... à moins de le voler.., et je ne suis pas voleur...

— Et voudrais-tu bien avoir un écu, Nicaise ?

— Si je le voudrais !

— Oui.

— Ah ! dame ! je crois bien... mais faut pas y penser, m'sieu Caillouët... le soleil épousera la lune avant qu'un écu passe par ma poche...

— Pas sûr.

— Comment ?

— Je te donnerai, si tu veux, moi, non pas un écu, mais trois...

— De cinq francs ?

— De cinq francs.

— Combien ça fait-il de francs ?

— Quinze.

— Et combien de sous ?

— Trois cents.

— Trois cents sous ! répéta-t-il. Avec trois cents sous, peut-on acheter un château comme celui de notre monsieur ?

— Presque, répondit le garde-chasse en souriant.

— J'aurais tant d'argent que ça, moi ? moi, Nicaise ?

— Oui, toi, Nicaise.

— Et qu'est-ce qu'il faut faire pour avoir ces trois écus, m'sieu Caillouët ?

— Les gagner.

— Oh ! j'entends bien ; mais les gagner de quelle façon ?

— Écoute : tu sais qu'il y a des braconniers dans nos bois ?...

— Tout un chacun le dit dans le pays.

— On tue nos chevreuils et nos sangliers...

Nicaise hocha la tête affirmativement.

— J'ai beau chercher, poursuivit Caillouët, j'ai beau remuer ciel et terre, je ne trouve rien ; j'y perds mes pas, mon temps et mon latin.

— Ah ! pour ce qui est de ça, dit l'enfant, faut en convenir !... les braconniers sont fins tout de même...

— Oui, mais pas tant que toi, Nicaise.

— Dame! ça se peut... répliqua le jeune garçon, évidemment flatté du compliment qu'il recevait.

— Eh bien! continua le garde-chasse, essaye de faire ce que, moi, je ne peux pas... reste dans le bois nuit et jour... guette, surveille, épie, observe... chacun sait que tu vagabondes à peu près en tout temps... on ne se défiera pas de toi... Enfin, découvre quelque chose, et le jour où tu viendras me dire : Le braconnier, c'est un tel ! tu auras tes trois écus...

— Bien vrai?

— Parole d'honneur ! foi de Caillouët !

L'enfant tendit la main au garde-chasse.

— Topez là ! dit-il.

— Est-ce marché conclu?

— Oui.

— Tu dénicheras mes coquins?

— Dame!... je ferai tout ce que je pourrai pour ça...

— Et quand commenceras-tu ta chasse?

— Autant tout de suite que plus tard... j'y vais.

Puis, sans échanger une parole de plus avec son interlocuteur, l'enfant tourna sur ses talons, se drapa dans sa souquenouille en loques avec la fierté d'un fils d'hidalgo, et, se glissant comme une couleuvre à travers un taillis, pénétra dans la forêt.

Les ondulations des cimes verdoyantes des arbustes indiquèrent pendant un instant son passage.

Mais bientôt tout frémissement cessa dans le feuillage.

Nicaise était déjà loin.

Trois jours s'écoulèrent.

Pendant ces trois jours, Caillouët ne rencontra que deux fois le petit vagabond.

A chacune de ses rencontres, il lui dit seulement :

— Eh bien?

Nicaise se contentait de hocher la tête et de répondre :

— Pas encore...

Puis il se replongeait dans l'épaisseur du bois.

Le matin du quatrième jour, vers les dix heures, Caillouët, qui venait de rentrer dans la chaumière conjugale après sa première ronde, attendait que Suzanne eût mis la dernière main au déjeuner, une tranche de lard grillée dans la poêle, avec des pommes de terre cuites sous la cendre.

Tout en attendant, et pour tuer le temps, il *astiquait* (c'est le mot technique), il astiquait, disons-nous, avec un linge huilé, le canon brillant de sa carabine.

Soudain, il fit un brusque haut-le-corps.

Un coup de feu venait de retentir dans la forêt, à une grande distance, sur la gauche.

— Ah! les brigands! s'écria le garde-chasse avec un juron énergique, les brigands! les voilà qui font des leurs !... Si seulement la chance voulait que Nicaise soit de ce côté-là !

Et, soutenu par cet espoir, cependant bien incertain, Caillouët, au lieu de sortir après son repas, resta à attendre dans la chaumière.

Une heure se passa.

Puis deux.

Puis trois.

N'espérant plus, et fatigué d'attendre, le garde-chasse allait gagner la forêt.

Déjà il achevait de boucler ses guêtres de cuir, déjà il étendait la main vers sa carabine.

Tout à coup il entendit dans le sentier qui conduisait à la chaumière, le bruit d'une course rapide.

Il se dirigeait vers la porte pour voir d'où venait ce bruit, lorsque Nicaise apparut sur le seuil, haletant, épuisé, ruisselant de sueur et ne pouvant pas articuler une seule parole.

Caillouët comprit aussitôt que l'enfant apportait quelque grande nouvelle.

Il remplit d'eau fraîche une écuelle et la présenta à Nicaise, qui en avala le contenu avec avidité.

L'effet produit par cette boisson fut immédiat.

L'enfant articula d'une voix incertaine et brisée, mais cependant distincte, ce seul mot :

— Venez...

— Quoi !... tu sais enfin ?...

— Tout, interrompit Nicaise.

— Ah ! tonnerre de Dieu !... s'écria le garde-chasse, quelle chance !...

— Venez... répéta le jeune garçon, venez vite... et prenez les trois écus...

Caillouët ne se fit pas prier pour sortir.

Il s'élança au dehors, à la suite de son jeune conducteur, qui s'engagea dans un sentier très étroit pratiqué dans le taillis, et qui se mit à marcher avec une rapidité si grande que Caillouët avait quelque peine à le suivre.

— Où me mènes-tu? lui demanda-t-il enfin.

— A la Maison-Rouge, répondit Nicaise.

— Bah ! s'écria le garde-chasse, à la Maison-Rouge... et pourquoi faire?...

— Vous verrez.

— Explique-toi.

— Tout à l'heure.

Caillouët questionna encore.

Mais l'enfant ne répondit plus.

Il est vrai que le sentier qu'ils suivaient tous deux ne prêtait que médiocrement à la conversation.

Ce sentier, fort étroit, nous l'avons déjà dit, et obstrué par des branches flexibles qu'il fallait écarter en passant, ne permettait point à deux personnes de marcher de front.

Nicaise, rendu insensible à la douleur et à la fatigue par l'espoir et la volonté ferme de devenir l'heureux possesseur de cette incalculable fortune représentée pour lui par trois pièces de cent sous, Nicaise, disons-nous, ne se donnait même pas la peine de relever les ronces qui lui déchiraient le visage et qui venaient ensuite cingler les jambes de Caillouët.

Enfin l'enfant et l'homme arrivèrent à l'extrémité du sentier qui débouchait dans une large tranchée.

Là, rien ne s'opposait à ce qu'ils marchassent à côté l'un de l'autre.

Caillouët recommença ses questions.

Cette fois, Nicaise y répondit.

— Donc, dit-il, figurez-vous, m'sieu Caillouët, que je guettais sous bois, quand v'là que j'entendis tirer un coup de fusil, comme qui dirait à un peu plus d'un quart d'heure de l'endroit où je me trouvais pour le moment.

« Je savais bien où le coup de fusil avait été tiré, j'avais reconnu ce son que c'était vers la *butte aux chèvres*.

« Je pris mes jambes à mon cou et je me mis à courir de ce côté-là...

« J'allais, ma foi, ni plus ni moins vite qu'un lièvre, quand les chiens lui soufflent au derrière, que ça lui rebrousse les poils de la queue...

« Eh bien ! j'avais beau aller de ce train-là, je n'arrivai pas encore assez tôt...

« Il n'y avait plus personne à la *butte aux chèvres*.

« Je tournai tout autour, en faisant bien attention partout où je passais...

« Je vis que je ne m'étais pas trompé tout de même, m'sieu Caillouët...

« C'était bien de là que le braconnier avait tiré, et c'était sur un chevreuil.

« Dans un endroit il y avait du sang par terre, comme qui dirait une petite mare, et aussi du poil de la pauvre bête...

« Mais de braconnier et de chevreuil, pas plus que sous la main...

« Tout ça, ça ne me tranquillisait guère, et j'avais grand'peur pour mes trois cents sous...

« Et je me disais :

« — Pour se cacher si bien que ça, faut que ces gens-là aient le diable dans le corps, tout de même !...

« Et je m'en allais, le nez baissé, marchant tout droit devant moi, sans savoir où j'allais, et regardant par terre, sans savoir ce que je regardais...

« Mais voilà que tout à coup je vois qu'il y avait sur la mousse quelque chose comme des petites taches rouges, et puis il n'y en avait plus, et puis il y avait encore...

« Alors je regardai mieux et je fis plus attention...

« Les petites taches rouges, c'était du sang.

« On avait passé par là en emportant le chevreuil et je pouvais suivre la trace aussi facilement que si j'avais eu devant moi l'homme et la bête, la bête sur le dos de l'homme...

« Ça commença à me rassurer pour mes trois cents sous, tout de même...

« Je me dis :

« — Nicaise, va jusqu'au bout, mon garçon, et, quand tu seras au bout, tu verras bien ce qu'il y a... »

XVI

LA MAISON-ROUGE.

Le jeune garçon s'interrompit pendant un instant, semblant se complaire d'une façon toute spéciale dans le raisonnement qu'il venait de formuler.

Puis, satisfait de la profonde attention que le garde-chasse prêtait à son récit, il reprit :

— Je continuai donc à suivre les marques rouges sur les feuilles, du la terre et sur la mousse...

« Tant que j'en vis devant moi, je marchai.

« Ça me conduisit jusqu'au fossé qui ferme le bois la Carrière, du côté de la Maison-Rouge.

« Je passai le fossé, et je me mis à regarder tout autour de moi dans le champ de luzerne pour retrouver mes marques rouges...

« Mais plus rien... Ah ! mais non !... rien du tout...

« Je repassai le fossé, je rentrai dans le bois, et je me mis à quatre pattes pour mieux voir par terre.

« Les marques allaient jusqu'au gros chêne planté sur le revers du fossé, du côté du bois ; de l'autre côté il n'y en avait plus...

« Je me dis comme ça que cette fois-ci, pour sûr, le diable s'en mêlait, afin de m'empêcher de gagner mes trois cents sous ; et comme j'en avais gagné un gros chagrin, je m'étendis tout de mon long au pied de l'arbre...

« Je voulais dormir pour ne plus penser à rien... et pour rêver que j'empochais les beaux écus tout reluisants...

« Je n'avais pas tant seulement fermé les yeux, que voilà que j'entends un tout petit bruit...

« Clap... clap... clap...

« C'était comme des gouttes d'eau qui seraient tombées sur les feuilles sèches...

« Et pourtant il ne pleuvait pas...

« Je levai le nez en l'air ; le ciel était clair, je ne vis rien du tout...

« Le petit bruit clap... clap... clap... continuait toujours...

« Je me mis à faire le tour du gros chêne.

« Tout à coup mon pied glissa ; en même temps je sentis quelque chose sur ma main, qui me mouillait...

« C'était du sang qui venait d'en haut, et c'était aussi dans une petite rigole de sang que mon pied avait glissé...

« Ça devenait drôle !...

« Je levai encore le nez, je regardai dans les feuilles du chêne, et savez-vous bien ce que je vis, m'sieu Caillouët ?

« Je vis mon chevreuil, mon diable de chevreuil, attaché par les pattes de derrière avec une corde à une grosse branche, à plus de dix pieds de terre...

« Pour le découvrir là, il aurait fallu être sorcier, ou bien avoir pour soi le hasard, comme je l'avais eu...

« Je me dis que, pour le coup, je tenais mes trois cents sous, que ceux qui avaient pendu la bête viendraient la reprendre, et que quand je devrais rester là huit jours, sans boire ni manger, à les attendre, je n'en aurais pas le démenti...

« En face du chêne, de l'autre côté du sentier, il y avait un tilleul.

« Je grimpai sur le tilleul, je m'assis bien commodément sur la fourche de deux branches, et je me mis à penser à tout ce que j'achèterais avec mes trois cents sous... d'abord, je veux un fusil et un cheval, et du pain blanc et de la viande tous les jours... et quant à ce qui restera de mon argent, je verrai plus tard...

« De l'endroit où j'étais assis sur mon arbre, et parfaitement caché, je découvrais, du côté du bois, le sentier jusque bien loin, et, du côté des champs, la Maison-Rouge et la grande route...

« On ne pouvait pas arriver chercher la bête sans que je le sache au moins un quart d'heure à l'avance...

« Voilà qu'il se fit tout à coup un grand mouvement devers la Maison-Rouge...

« Trois hommes sortirent par la porte du cabaret...

« Deux de ces hommes attendirent sur la route...

« Le troisième entra dans l'écurie et tira par la bride un mauvais cheval maigre qui portait deux grands paniers d'osier ajustés sur son bât.

« Un des hommes rentra dans le cabaret.

« Un autre prit, à travers les luzernes, le droit chemin pour venir au chêne...

« L'homme au cheval fit un détour, avec sa rosse et ses paniers, pour arriver par même côté.

« A mesure que le premier des trois marchait, marchait, car il allait vite, je le voyais mieux...

« Quand je le vis tout à fait bien, je le reconnus...

« Devinez donc voir un peu qui c'était, m'sieu Caillouët ?

— Je le connais ? demanda le garde-chasse.

— Ah ! pardine, oui, vous le connaissez !

— C'est quelqu'un de par ici ?...

— Oui.

— Du village ?

— Oui.

— Michu, peut-être ? C'est un mauvais gas !...

— C'est pas Michu.

— Nicou, alors ? Il a fait de la prison, dans les temps, comme voleur de nuit...

— C'est pas Nicou.

— C'est donc Galmiche ? Je le crois sournois... il a un fusil, et l'on dit que son grand-père a été pendu.

— C'est pas Galmiche.

— Enfin, qui donc ?...

— Tenez, m'sieu Caillouët, je vois bien que vous ne devineriez jamais !... C'est quelqu'un... c'est quelqu'un du château, figurez-vous...

— Du château ? s'écria le garde-chasse.

— Ah ! dame ! oui...

— Mais, impossible !...

— N'en jurez point...

— Parle, Nicaise...parle vite.

— Eh bien ! c'est m'sieu la Ramée, ni plus ni moins... m'sieu la Ramée, le piqueux...

Caillouët, suffoqué par la stupeur, s'arrêta.

Il frappa le vide d'un coup de poing gigantesque et il s'écria :

— Ah ! la canaille !

Nicaise reprit :

— Il vint droit au chêne... il regarda tout autour de lui, et, comme il ne vit personne, il monta sur l'arbre et dénoua la corde qui attachait les pattes de la bête...

« Le chevreuil tomba par terre...

« M'sieu la Ramée redescendit.

« L'homme au cheval arrivait en ce même moment avec sa rosse le long du fossé.

« Il fit entrer le cheval dans le bois.

« M'sieu la Ramée et lui prirent le chevreuil, l'arrangèrent dans les paniers, parfaitement caché et recouvert de feuillages et d'herbes bien attachés...

« Impossible de se douter de ce qu'il y avait sur le dos du cheval.

« Ensuite ils retournèrent, mais séparément, à la Maison-Rouge.

« Ils attachèrent la rosse à côté de la porte et ils entrèrent dans le cabaret...

« C'est alors, m'sieu Caillouët, que je suis descendu de mon perchoir, que j'ai pris mes jambes à mon cou et que j'ai couru chez vous pour vous prévenir...

« Et, maintenant, vous allez voir que je n'ai pas menti, car tout de même voici que nous arrivons... »

En effet, au moment où Nicaise achevait de prononcer les paroles que nous venons d'écrire, il atteignait avec le garde-chasse la lisière du bois, dans un endroit extrêmement rapproché de la Maison-Rouge.

— Et, tenez, s'écria Nicaise, regardez, m'sieu Caillouët, la rosse est toujours à la porte, avec ses paniers et sa verdure...

— Tiens, dit le garde-chasse en mettant dans la main de l'enfant trois écus de cinq francs, voilà ce que je t'ai promis, je n'ai plus besoin de toi...

Nicaise, enfin possesseur de la récompense homérique qu'il avait si longtemps rêvée et si bien gagnée, poussa une exclamation de joie, ou plutôt d'ivresse, et entama une série de folles gambades qui faisaient le plus grand honneur à la souplesse de ses reins et à la vigueur de ses articulations.

Pendant ce temps, Caillouët se dirigeait d'un pas rapide, et à travers champs, vers la Maison-Rouge.

———

La demeure que l'on désignait, dans le pays, par l'appellation de *Maison-Rouge*, était en effet digne de ce nom.

Bâtie en briques et couverte en tuiles, cette maison avait, en outre, des portes et des volets peints en rouge.

Elle tranchait d'une façon bizarre, par sa teinte uniforme et violente, au milieu du riant paysage qui l'entourait.

La Maison-Rouge, sorte d'auberge, ou plutôt de cabaret borgne tenu par un ancien repris de justice, *jouissait* de la plus exécrable réputation à trois ou quatre lieues à la ronde.

Sa rare clientèle se composait de quelques rouliers et d'un certain nombre de gens tarés et suspects.

Si une troupe de bohémiens, saltimbanques et bateleurs,

traversait le pays, c'était toujours à la Maison-Rouge que s'arrêtait cette troupe.

Le bruit avait couru pendant bien longtemps qu'un commis-voyageur, surpris par l'orage à la tombée de la nuit, et forcé de chercher un asile à la Maison-Rouge, n'en était pas ressorti le lendemain matin.

A une certaine époque, la rumeur que nous signalons avait semblé prendre une telle consistance, qu'un commencement d'instruction judiciaire s'était fait à ce sujet.

Mais, faute de présomptions suffisantes, cette instruction avait été arrêtée dès les premiers pas.

Cependant l'ex-repris de justice ne s'était point vu innocenté par l'opinion publique, et, à tort ou à raison, la Maison-Rouge passait pour un coupe-gorge.

Tel était, si l'on devait s'en rapporter au dire de Nicaise, le lieu choisi par le piqueur la Ramée pour y conclure ses transactions au sujet des produits de son effronté braconnage.

A mesure que Caillouët approchait de la Maison-Rouge, il hâtait le pas.

Enfin il atteignit la route.

Il la franchit et il se trouva devant le cabaret.

A côté de la porte, un grand cheval blanc, remarquable par sa maigreur fabuleuse et réunissant en lui seul toutes les maladies qui d'ordinaire se disséminent entre une vingtaine de chevaux tarés, depuis la *pousse* jusqu'aux *javarts encornés*, était attaché par la bride à un anneau de fer, devant une mangeoire portative parfaitement vide.

La malheureuse bête avait sur le dos d'immenses paniers recouverts d'un échafaudage de verdure.

Ces paniers devaient renfermer le *corps du délit*, comme disent les gens de loi.

XVII

LE CORPS DU DÉLIT.

Au moment de l'arrivée de Caillouët, on entendit sortir du cabaret, par la porte entr'ouverte, un refrain de chanson bachique que répétait une voix avinée.

Le garde-chasse reconnut cette voix.

C'était celle de la Ramée.

Soudain le refrain s'interrompit.

— Allons, dit une autre voix, il se fait tard, je m'en vas... au revoir, fin tireur...

— Encore un coup, père chose...

— Non, je pars...

— Plus qu'un demi-litre...

— Nenni.

— Est-il entêté, ce père chose!... Enfin, charbonnier est maître chez lui!... Quand vous reverra-t-on?...

— Jeudi... vous savez que je compte sur un sanglier?

— On tâchera... Bonsoir, mon brave...

En même temps parut sur le seuil un grand gaillard, presque aussi maigre que le cheval blanc, vêtu d'une blouse bleue et coiffé d'un chapeau rond à larges bords.

La laide figure de cet individu offrait une expression tout à la fois insolente et stupide.

Il ne vit pas d'abord Caillouët, qui se trouvait de l'autre côté du cheval.

Il s'approcha de l'anneau de fer et se mit en devoir de dénouer la bride passée dans cet anneau.

Mais le garde-chasse, qui venait de tourner derrière le cheval, mit la main sur l'épaule du personnage en blouse et lui dit :

— Hé! l'homme, écoutez...

L'individu ainsi interpellé se retourna brusquement.

Il regarda Caillouët du haut en bas, et il gronda entre ses dents :

— Ah çà!... qu'est-ce qu'il me veut, celui-là?...

Le garde-chasse toucha du doigt les paniers chargés sur le cheval.

— Qu'y a-t-il là dedans? demanda-t-il.

— Ça ne vous regarde pas! fit l'homme en blouse.

— Ah! ça ne me regarde pas?...

— Non.

— C'est ce que nous allons voir.

Et Caillouët, tirant son couteau de chasse, trancha les cordes qui maintenaient les branchages entassés sur le chevreuil.

Il remit ensuite tranquillement son arme dans le fourreau,

et il se disposa à renverser l'échafaudage de verdure qui cachait le gibier volé.

L'homme en blouse, stupéfait d'abord de la brusque action du garde, pâlit de colère et s'écria avec un affreux juron :

— Ah! sacré nom de...!... c'est comme ça!...

— Oui, c'est comme ça, riposta Caillouët en le regardant en face.

— Eh bien! fais un geste de plus, et...

— Et?... demanda le garde-chasse.

— Et je te casse en quatre, entends-tu?...

— Essayez-y! dit froidement Caillouët, en jetant bas d'un revers de main les branchages qui laissèrent le chevreuil à nu.

— Tonnerre! hurla l'homme maigre.

Et il s'élança sur le garde-chasse.

Mais ce dernier, nous le savons, était d'une force herculéenne.

Il saisit par le milieu du corps son adversaire écumant de rage, il le souleva comme il eût fait d'un enfant, et enfin il le lança dans le vide avec une telle violence qu'il l'envoya rouler, tout étourdi, entre les jambes du cheval.

Immédiatement après, Caillouët prit le chevreuil par les pattes et le jeta devant la porte du cabaret.

Tout ceci s'était passé en beaucoup moins de temps que nous n'en avons mis à le raconter.

Cependant, cette scène bruyante et les beuglements de l'homme maigre qui appelait au secours et jurait qu'il avait les reins cassés, avaient éveillé l'attention de la Ramée et de l'ancien repris de justice, propriétaire de la Maison-Rouge.

Tous deux accoururent sur le seuil.

Le piqueur, horriblement ivre, chancelait et pouvait à peine se soutenir.

Il reconnut Caillouët, et, instinctivement, il courut se cacher dans la partie la plus reculée du cabaret.

Le maître de la maison, lui, voulut d'abord prendre le parti de l'homme en blouse, qui comptait au nombre de ses meilleurs clients.

Il saisit une fourche et fit mine, tout en vociférant les plus sales injures, d'attaquer le garde-chasse.

Mais ce dernier arma sa carabine, mit en joue son brutal agresseur, et cria :

— Mets ta fourche, mon drôle, et recule de dix pas, ou, de par tous les diables, je te tue comme un lapin!...

L'effet produit par cette menace fut immédiat.

L'ex-repris de justice se calma comme par enchantement.

Il replaça la fourche contre le mur, et, au lieu de reculer de dix pas, il recula de vingt.

— Bon! fit Caillouët, tu tiens à ta peau, toi, et tu fais bien, car une balle te l'aurait gâtée...

L'homme maigre restait étendu sous son cheval blanc et continuait à gémir et à demander du secours.

Caillouët entra dans le cabaret.

La première pièce était déserte; seulement, sur une table grossière se voyaient des gobelets d'étain et plusieurs bouteilles vides.

Le garde-chasse pénétra dans une seconde chambre dont le fond était occupé par un grand lit à rideaux de serge rayée.

Derrière ces rideaux se dessinait une forme humaine maladroitement accroupie.

C'était là que la Ramée s'était réfugié dans sa frayeur.

Caillouët marcha droit à lui.

Il souleva les rideaux, il prit le piqueur par le collet de sa veste, et, moitié le traînant, moitié le poussant, il arriva avec lui jusque sur la route.

Le maître de la Maison-Rouge, n'ignorant pas combien les balles de carabine sont de difficile digestion, n'avait pas bougé de la place assignée par Caillouët.

— Vous allez rentrer chez vous le chevreuil que voici par terre, lui dit ce dernier, je l'enverrai chercher plus tard, et n'oubliez pas, mauvais drôle, que si ce gibier disparaissait de votre maison, je vous déclarerais procès-verbal pour votre complicité de braconnage et de vol, ce qui vous ferait une méchante affaire.

Ensuite, tenant toujours la Ramée par le collet, et lui imprimant de notables secousses, il ajouta :

— En marche, canaille!...

— Où me conduisez-vous? balbutia le piqueur effaré.

— Où je te conduis?...

— Oui...

— Je te conduis au château, pardieu!...

— Je n'y veux pas aller.

— Ah! tu n'y veux pas aller?...
— Non... je suis libre; moi, après tout... je renonce au service... j'abandonne mes gages... je suis mon maître... j'ai affaire ailleurs... lâchez-moi... je veux partir...
— Ah! tu veux partir?...
— Oui... et si vous ne me lâchez pas, nous verrons...
— Ah! nous verrons!... Eh bien! en attendant que nous voyions, marche de bonne grâce, ou bien je te vais faire avancer, moi, à grands coups de crosse!...
Et, comme la Ramée n'avançait point, Caillouët joignit le geste aux paroles.
L'effet suivit la menace aussi rapidement que la foudre suit l'éclair.
La crosse de la carabine fut soulevée trois fois de suite, et trois fois de suite retomba sur cette partie de l'individu de la Ramée, située précisément entre le bas des reins et le haut des cuisses.
Le piqueur poussa un mugissement lamentable, qui n'attendrit pas le moins du monde Caillouët.
— Si la correction n'est pas de ton goût, dit-il, marche!... ou sinon je recommence!...
Il l'aurait fait comme il le disait.
La Ramée, malgré son ivresse, le comprit parfaitement et marcha.
En outre de cette aversion bien naturelle qu'inspirent les braconniers aux gardes-chasse, Caillouët avait, ou croyait avoir une foule de raisons toutes spéciales pour se montrer dur et inflexible à l'endroit de la Ramée.
D'abord, circonstance très-aggravante, le délinquant était attaché en qualité de piqueur à la maison du comte de Vezay, sur les terres duquel il braconnait avec une impudence éhontée.
Ensuite, Caillouët ne lui pardonnait point d'avoir si longtemps déjoué sa surveillance, de lui avoir fait passer tant de jours pleins de soucis, tant de nuits privées de sommeil.
Enfin, parmi les nombreux individus composant la domesticité du château, la Ramée était celui à l'endroit duquel le garde-chasse ressentait la plus instinctive répulsion.
Cette répulsion, on s'en souvient, il la lui avait témoignée jadis par une énergique volée de coups de fouet.
Nous savons aussi que le piqueur n'avait point oublié cette correction et que la haine qu'il éprouvait pour Caillouët égalait tout au moins celle que Caillouët éprouvait pour lui.
Le garde-chasse avait hâte de paraître devant le comte avec son prisonnier.
Il savait bien que le délit n'entraînerait pour le coupable aucune peine sérieuse, aucune correction; pas même une amende, et que M. de Vezay refuserait de poursuivre judiciairement.
Mais il savait aussi que la Ramée allait être chassé honteusement, bafoué, humilié devant tous; jeté à la porte, enfin, comme un voleur.
Il savait qu'on lui dirait :
— Hors d'ici, drôle! laisse la place aux honnêtes gens, et va te faire pendre quelque autre part...
Et Caillouët se réjouissait peu chrétiennement à la pensée de cette humiliation que son ennemi intime allait subir en sa présence.
Pressé d'arriver, nous le répétons, le garde-chasse allait le plus vite possible et par les plus courts chemins.
Il ne s'apercevait point que l'ivresse et l'effroi rendaient incertaine et titubante la marche de la Ramée.
Sa main vigoureuse et infatigable n'avait pas lâché le collet de la veste du piqueur.
Cette poigne, solide et dure comme un étau d'acier, servait moins à prévenir toute tentative d'évasion qu'à soutenir et même à traîner le malheureux la Ramée.
Ce dernier, étourdi par les fumées du vin et de l'eau-de-vie, par le grand air et par la rapidité de la course de Caillouët, suivait comme une masse automatique, tantôt marchant, tantôt remorqué.

XVIII

LA CLAIRIÈRE.

Caillouët marchait toujours; et comme il sentait cependant sa main se lasser et son bras s'engourdir, comme il comprenait que, malgré la puissance de son organisation d'Hercule,

la fatigue allait venir, il hâtait le pas, afin de ne point se voir contraint de s'arrêter en route.
La Ramée poussait des gémissements sourds.
A vingt reprises, les branches écartées par la course impétueuse du garde-chasse étaient venues le fouetter au visage.
Le souffle lui manquait.
Sa poitrine haletante se soulevait à se briser.
Peu à peu, la douleur croissante dissipait l'ivresse.
Il arrive un moment où le supplice qu'on leur impose révolte les natures les plus lâches.
Ces natures dégradées révèlent alors une étrange énergie, qu'on est stupéfait de trouver en elles.
Elles font preuve d'un courage aveugle, ou plutôt d'une sorte de fiévreuse audace, qui va jusqu'à la folie.
Ce courage factice, cette menteuse témérité, n'ont que la durée de l'éclair, mais, comme l'éclair, ils peuvent foudroyer.
Le moment dont nous parlons arriva pour la Ramée.
Caillouët, le traînant toujours après lui, venait d'atteindre une vaste clairière qu'il s'apprêtait à traverser, et qu'entouraient des chênes, des ormes et des châtaigniers deux ou trois fois séculaires.
Le garde-chasse s'arrêta soudain.
Il croyait s'apercevoir, chez son prisonnier, d'une velléité de résistance.
En effet, le piqueur, bien résolu à ne point faire un pas de plus en avant, venait de s'arc-bouter sur ses deux pieds, et, au lieu de continuer à avancer, il reculait de toutes ses forces.
— Vas-tu marcher?... dit Caillouët d'une voix menaçante.
— Non, sacredieu! cria la Ramée, je n'irai pas plus loin!...
— Comment dis-tu cela?
Le piqueur répéta sa phrase.
— Alors, répliqua le garde-chasse en quittant le collet de la Ramée pour soulever à deux mains sa carabine qu'il tenait par le canon, alors, moi, je vais t'assommer...
— Assomme!... je ne marcherai pas!...
— Ecoute, dit Caillouët entre ses dents, écoute bien!... Je vais compter jusqu'à trois, si, quand j'aurai fini, tu n'as pas marché, je frappe...
Et il articula nettement :
— Un!
La Ramée ne bougea point.
— Deux! dit Caillouët.
Même immobilité du piqueur.
— Trois! articula le garde-chasse.
Et, en même temps, la crosse de la carabine retomba sur les épaules de la Ramée, qui poussa un cri de douleur et de colère, et qui, d'une voix étranglée, balbutia :
— Ah! c'est bien lâche!...
— Lâche! répéta Caillouët, tu as dit que j'étais lâche?...
— Oui, lâche!... trois fois lâche!...
— Moi?
— Oui, toi... lâche, parce que tu abuses de ta force!... lâche, parce que tu as des armes, que je n'en ai pas, et que tu me frappes!...
— Je te frappe parce que tu le veux. Pourquoi refuses-tu de marcher?...
— Pourquoi me traînes-tu comme un chien qu'on étrangle?... Qu'est-ce que je t'ai fait, à toi?...
— A moi, rien; mais tu es un braconnier, c'est-à-dire un voleur!... Il faut que tu sois puni...
— Est-ce que le gibier que j'ai tué et vendu était à toi?...
— Non, mais qu'importe, puisque j'avais la charge de le garder...
— Et c'est pour un mauvais chevreuil que tu me conduis comme un gendarme ne conduirait pas un forçat! que tu me tues de coups de crosse!... Eh bien! oui; j'ai braconné!... eh bien! oui, j'ai vendu du gibier! Après?... le beau crime, vraiment!... Il y a de quoi assassiner un homme... n'est-ce pas?...
Et la Ramée, entraîné par sa fureur, enivré par le bruit de ses paroles, ajouta avec la plus insultante amertume :
— Si j'aime l'argent, moi!... si j'en veux gagner ou voler!... ça ne regarde personne... Je n'ai pas la ressource, comme d'autres que je connais, d'épouser, pour m'enrichir, la maîtresse de mon maître; et d'endosser pour mille écus la paternité de ses bâtards! Entends-tu ça, Caillouët?...
Après toutes les marches et les contre-marches que nous avons racontées, après tant d'émotions, de discussions et de courses rapides; le visage du garde-chasse, on le comprend, était écarlate.

Les derniers mots de la Ramée changèrent cette face pourpre en un masque livide.

Pendant quelques secondes, Caillouët fut semblable à un homme changé en statue.

Mais cet état d'effrayante immobilité ne dura guère que la vingtième partie d'une minute.

Caillouët se réveilla, et ce réveil fut alors terrible.

Il saisit l'un des bras de la Ramée, dont les doigts pétrifièrent la chair et firent craquer les os, et, d'une voix qui n'avait plus rien d'humain, il demanda :

— De qui parles-tu ?

— Lâche-moi !... cria le piqueur, qui croyait sentir son bras se briser sous l'étreinte de Caillouët.

Ce dernier serra plus fort et répéta :

— De qui parles-tu ?

Cette fois encore, la douleur, parvenue à une intolérable intensité, métamorphosa en audace la lâcheté habituelle du piqueur.

Un instant auparavant, la peur rentrait dans son âme ; il se repentait d'en avoir trop dit.

Le nouveau supplice qu'il endurait lui donna la force et le courage de jeter au visage du garde-chasse cette réponse :

— De qui je parle ? De toi, pardieu !...

— Et tu as dit ?...

— J'ai dit que tu avais épousé la maîtresse du comte... j'ai dit que, pour mille écus qu'on t'a donnés, tu reconnaîtrais le bâtard de notre maître...

« Je suis un homme mort ! pensa la Ramée, quand il eut prononcé le dernier mot de cette phrase, Caillouët va m'assommer... »

A son grand étonnement, il sentit se desserrer l'étreinte des doigts du garde-chasse.

La terreur, aussitôt, reprit tous ses droits.

La Ramée redevint tremblant et, du plus profond de son cœur, il maudit sa langue et sa colère.

Caillouët se recula de deux ou trois pas.

L'expression de son visage était effrayante.

Ses joues livides devenaient verdâtres, et un large cercle de bistre se dessinait autour de ses yeux agrandis, aussi visible, aussi régulier que s'il eût été tracé avec du charbon.

Pendant quelques instants, il ne prononça pas une parole.

Ce silence était plus sinistre que des imprécations et des menaces.

La Ramée, en ce moment, aurait de toute son âme donné la moitié de sa vie pour être assuré de la tranquille possession de l'autre moitié.

Enfin, le garde-chasse releva la tête qu'il avait, jusque-là, penchée sur sa poitrine.

Il arma sa carabine avec autant de calme que s'il se fût disposé à tirer sur un renard ou sur un chevreuil, et il murmura :

— Ecoute, la Ramée... ce que tu viens de me dire ; si c'est un mensonge, vaut une balle... Tu m'as blessé au cœur... je te frapperai à la tête... et nous ne serons pas encore quittes... car je souffrirai plus longtemps que toi...

— Mais, s'écria impétueusement le piqueur, je n'ai pas menti !... je le jure.

— Pas menti en disant que Suzanne, quand je l'ai épousée, était la maîtresse de notre maître ?...

— Non.

— Pas menti en disant que l'enfant dont Suzanne est grosse sera le bâtard du comte ?...

— Non.

Caillouët fit un geste farouche.

— Prouve-le donc !... cria-t-il, et prouve-le vite !... et prouve-le si clairement que je le puisse pas conserver un doute ! Fais cela !... La Ramée, fais cela !... sinon, vrai comme il y a un Dieu ; je te tue, je t'éventre, et je trépigne à deux pieds sur ton cœur !...

Nous pouvons reproduire cette épouvantable menace, mais nous devons renoncer à rendre l'accent avec lequel elle fut prononcée.

— Et si j'ai dit la vérité ?... balbutia le piqueur, et si je le prouve ?

— Alors, nous verrons...

— Jure-moi de ne pas me faire de mal...

— Je ne jure rien... sinon de te brûler la cervelle à l'instant ; si tu ne commences !... Mais, va donc !... va donc !... j'attends !...

La Ramée, tremblant, mais certain que, s'il restait une faible chance de sortir de ce mauvais pas, la véracité seule pouvait la lui offrir, la Ramée, disons-nous, commença son long récit, cent fois interrompu par les sourdes exclamations de son auditeur.

Il raconta tout, avec les plus complets détails, à partir du moment où le comte de Vezay, en compagnie du chevalier de Lucy, le jour de la curée, s'était adressé à lui pour savoir le nom de la brune paysanne du bord de l'étang.

Nos lecteurs connaissent d'ailleurs, aussi bien et mieux que lui, les faits qu'il mit sous les yeux du mari de Suzanne.

Il est donc complètement inutile de nous appesantir de nouveau sur ce sujet.

Lorsque le piqueur eut achevé, Caillouët semblait plongé dans une sorte de torpeur, pareille à celle de l'homme qu'on a endormi avec la vapeur de l'éther pour lui faire subir une opération horriblement douloureuse.

La Ramée prit cet engourdissement momentané pour du calme.

Il se dit que le garde-chasse acceptait fort bien la chose, et que, selon toute vraisemblance, le gros du péril était passé pour lui, la Ramée.

Le pauvre diable n'avait point absolument raison.

Caillouët revint à lui-même.

Il regarda tout autour de lui, comme un homme qui s'éveille.

Ses yeux, dans ce mouvement circulaire, rencontrèrent le piqueur, qui se faisait petit et qui aurait voulu pouvoir se fondre comme une légère et insaisissable vapeur.

Mais, quoique maigre, la Ramée n'était point diaphane.

Le front de Caillouët se rida, et ses rudes sourcils se rapprochèrent au point de se toucher, comme ceux du Jupiter-Tonnant.

— Ainsi, demanda-t-il lentement, tout ce que tu m'as dit tout à l'heure est bien vrai ?...

— Vrai d'un bout à l'autre... je te le jure sur le bon Dieu...

— Ainsi, c'est toi qui, le premier, as dit à M. le comte que la belle fille qu'il regardait se nommait Suzanne Guillot ?...

— Il me fallait bien répondre, puisque mon maître m'interrogeait...

— Ainsi, poursuivit le garde-chasse, le soir de ce même jour, tu doutais bien que le démon s'était emparé du cœur, et de l'âme, et du corps de notre maître, tu l'as épié, espionné, suivi, jusqu'auprès de la chaumière de Suzanne ?

— Oui... mais pourquoi me fais-tu répéter tout ce que je viens de te dire ?

Caillouët ne sembla point se préoccuper de cette interruption, il ne parut pas même l'avoir remarquée, et il continua :

— Quand le comte est entré dans la chaumière, tu étais là ?

— J'étais là.

— Quand Suzanne a crié à l'aide, tu étais là ?...

— Oui, dit la Ramée, j'étais là.

— Tu l'entendais ?

— Parfaitement.

— Et, l'entendant, tu ne l'as pas défendue !... tu as eu cette lâcheté inouïe, misérable coquin sans âme, tu as eu cette honteuse infamie de savoir qu'il y avait là, près de toi, une pauvre fille, une pauvre enfant, à qui l'on faisait violence... qui se débattait en pleurant... qui priait Dieu... qui criait à l'aide !... et tu n'as pas fait un pas pour lui porter ce secours qu'elle demandait !... Ton cœur n'a pas battu !... ton sang ne s'est pas révolté !... tu as laissé le crime s'accomplir !... l'œuvre sans nom se consommer ! tu as prêté à cette action abominable l'appui de ton silence !... tu t'en es fait complice !... Ah ! misérable !... misérable !...

— Hélas !... balbutia la Ramée, tremblant et comprenant qu'il avait fait fausse route, et qu'il venait de s'engager dans une voie périlleuse et sans issue, hélas !... c'était mon maître...

— Ton maître !... répliqua Caillouët avec amertume, c'est juste ! quoi que fasse le maître, le valet applaudit !...

Il y eut un instant de silence.

Puis le garde-chasse reprit :

— Un jour est venu où, comme tout le monde, tu as appris que j'allais épouser Suzanne ?

— Oui... murmura le piqueur ; mais je l'ai appris après tout le monde...

— Enfin, il était temps encore d'empêcher ce mariage... pourquoi ne m'as-tu pas prévenu ?...

— Prévenu de quoi ? demanda la Ramée.

— De ce dont tu avais été témoin pendant cette nuit d'infamie !... Pourquoi ne m'as-tu pas dit que Suzanne était la maîtresse du comte ?...

Avouer que sa haine pour le garde-chasse avait été l'unique cause de ce silence, la Ramée n'y pensa même pas.

C'était un parti trop dangereux à prendre.

Il crut faire un coup de maître en répondant :

— Dame !... j'ai cru que tu le savais...

— Ah ! murmura Caillouët d'une voix sourde.

En même temps, ses yeux s'injectèrent de sang.

— Ah ! répéta-t-il, tu as cru cela ?...

— Oui... mais je vois bien, maintenant, que je me trompais...

Le garde-chasse ne l'écoutait pas.

— Tu as cru, reprit-il d'une voix redevenue forte et éclatante, tu as cru que j'étais tout heureux et tout fier d'épouser la maîtresse du maître, et de me faire acheter par lui pour mille écus de déshonneur !.. Tu l'as cru, puisque tu me l'as dit... tu le redirais à d'autres, et je ne veux pas, entends-tu bien, je ne veux pas que tu le redises !...

— Caillouët... mon bon Caillouët... commença la Ramée, je te jure...

Mais il n'eut pas le temps d'achever.

Le garde-chasse, dans un mouvement d'irrésistible fureur, avait entouré de ses deux mains le cou du malheureux piqueur.

Ce collier vivant et inflexible se resserrait comme ce carcan de fer que les Espagnols nomment *le garote*.

Le dernier cri de la Ramée s'éteignit dans un râle sourd.

La bouche et les yeux du misérable s'ouvrirent démesurément.

La langue, déjà noire, pendit hors des dents et des lèvres.

Les yeux semblèrent prêts à sortir de leurs orbites.

En même temps, le visage entier, horriblement convulsionné, prenait une teinte d'un violet pourpre, et des gouttes de sang jaillissaient des narines.

Cette épouvantable strangulation dura, tout au plus, une demi-minute.

Mais c'était assez.

C'était trop.

Quand Caillouët dénoua ses mains, la tête du piqueur flotta pendant une seconde d'une épaule à l'autre et d'avant en arrière.

Puis le corps ploya sur les genoux, s'affaissa et finit par s'abattre lourdement.

La colonne vertébrale était rompue entre la tête et les épaules.

La mort avait été foudroyante.

—

Que se passa-t-il dans l'esprit de Caillouët lorsqu'il vit étendu à ses pieds, sans vie, le corps de cet homme qu'il venait d'assassiner ?

A cette grave question nous ne saurions répondre sans embarras.

Caillouët se trouvait dans une de ces situations étranges où les sens moral n'existe plus, où la conscience reste muette.

Au milieu du grand naufrage de ses rêves, de ses espoirs, de son amour, de son bonheur, rien de distinct ne surnageait.

Dans son âme, dévastée par un ouragan de pensées confuses, amères, déchirantes, il n'y avait pas de place pour le remords.

Nous pourrions donc affirmer, à peu près à coup sûr, que Caillouët ne se repentit pas de l'action qu'il venait de commettre.

Et nous pensons devoir ajouter que la première idée qui se présenta à lui un peu distinctement fut celle-ci :

— Que faire de ce cadavre ?

XIX

UNE TOMBE VERTE.

La clairière dans laquelle venait de se passer la scène terrible que nous avons racontée avait la forme d'un carré long.

A l'un des angles de ce carré s'élevait un châtaignier gigantesque, le doyen sans doute de tous les arbres de la forêt.

Nous ne saurions, pour en donner une idée exacte à nos lecteurs parisiens, trouver un autre point de comparaison que le célèbre châtaignier du jardin de *Robinson*, dans les bois d'Aulnay, près de Sceaux.

Le châtaignier de la clairière du bois de Vezay offrait des dimensions aussi imposantes que celui de *Robinson*.

Mais là s'arrêtait toute ressemblance entre les deux arbres.

L'un, victime de la civilisation et de la gastronomie, voit transformer en guinguette son tronc déshonoré, pour la plus grande joie dominicale des courtauds de boutique et des grisettes parisiennes.

L'autre avait conservé intacte la sauvage majesté de son tronc abrupt et de ses branchages puissants.

Or, ce châtaignier était creux.

Bien souvent, dans son enfance, alors qu'il était un petit pâtre, chercheur de miel et dénicheur de nids, Caillouët, attachant une corde à la cime de l'arbre et se laissant glisser le long de cette corde, avait exploré les profondeurs du tronc noueux, soit pour y récolter les rayons savoureux du miel des abeilles sauvages, soit pour y chercher de jeunes hiboux à peine emplumés.

Nulle fissure extérieure ne trahissait la cavité dont nous parlons.

Pour la découvrir, il fallait la dominer, c'est-à-dire être parvenu dans le couronnement même de l'arbre.

Caillouët, enfant, avait découvert par hasard le secret de cette caverne végétale.

Ce secret, auquel depuis longtemps il n'attachait plus d'importance, avait été gardé par lui.

Le moment approchait où il allait sentir tout le prix de cette discrétion jusque-là sans but.

—

— Que vais-je faire de ce cadavre ? s'était demandé le garde-chasse.

Et son regard farouche, errant autour de lui, semblait adresser cette question aux objets environnants.

Soudain ses yeux rencontrèrent le châtaignier géant.

Il tressaillit ; l'arbre venait de lui répondre.

Une lueur subite l'éclaira, et il se dit :

— Voilà la tombe qu'il me faut !

Le projet du garde-chasse se devine.

Il songeait à ensevelir le corps de la Ramée dans le tronc du châtaignier.

Cette pensée était lumineuse, mais sa mise à exécution présentait des difficultés presque insurmontables.

Comment, en effet, sans échelle et sans aide, parvenir à hisser un cadavre humain à une hauteur de plus de vingt pieds ?

Au premier abord, la chose semblait impossible.

Le garde-chasse ne se laissa point décourager par des obstacles apparents.

Il commença par étudier le tronc de l'arbre, afin de s'assurer du plus ou moins de chance de réussite d'une ascension.

Un chat ou un écureuil, ou un de ces petits paysans qui égalent l'écureuil ou le chat en souplesse et en agilité, pouvaient seuls gravir le long de ce tronc à peu près lisse.

A plus forte raison, un homme pesamment chargé ne devait-il même pas tenter cette folle entreprise.

Mais, à douze ou quinze pieds de là, croissait un frêne mince et élancé dont les branchages vigoureux formaient une arche de verdure en s'élançant avec ceux du châtaignier.

— C'est là que j'arriverai, se dit Caillouët.

Et il se mit immédiatement à l'œuvre.

Il souleva d'abord le cadavre déjà roidi du malheureux la Ramée.

Il se servit, comme de courroies, du baudrier de son couteau de chasse et de la bandoulière de sa carabine ; il appuya sur ses épaules le corps du piqueur, et avec ces courroies il le lia fortement à son propre corps.

Ensuite, sans plier sous cette charge qui aurait dû glacer ses membres en un frisson d'horreur et paralyser ses forces, il embrassa de ses deux bras le tronc du frêne et il commença à grimper.

Il avançait lentement, car ses mouvements n'étaient point libres, mais enfin, il avançait.

Après de longs efforts d'une énergie surhumaine, Caillouët atteignit la fourche de l'arbre, c'est-à-dire l'endroit où les grosses branches commençaient à diverger.

Là, sa tâche devenait de plus en plus impraticable.

Il ne s'agissait plus de s'élever.

Il fallait se servir d'une branche horizontale comme d'un pont mouvant et fragile pour passer du hêtre sur le châtaignier.

Caillouët choisit, de toutes les branches, celle qui lui sembla la plus forte, et se coucha sur elle à plat ventre.

Alors, rampant à la façon des mousses qui, par un gros temps, et malgré le roulis et le tangage, veulent atteindre l'extrémité d'un de ces mâtereaux inclinés qui se trouvent à l'avant des navires, il tendit vers son but, dont une série de mouvements calculés avec prudence et avec audace le rapprochait peu à peu.

Vingt fois Caillouët sentit son élastique appui ployer et en quelque sorte se dérober sous lui.

Vingt fois il fut au moment d'être précipité sur le sol.

Mais toujours son courage domina le péril.

Enfin, il arriva.

Il était temps, car la force et le souffle lui manquaient à la fois ; ses yeux ne voyaient plus et le vertige l'effleurait déjà du bout de ses ailes bourdonnantes.

Toucher le tronc du châtaignier, pour lui, c'était toucher la terre ferme.

Il s'y cramponna, et quelques secondes lui suffirent pour recouvrer sa vigueur première.

Presque sous ses pieds s'ouvrait, comme un trou noir, la cavité béante.

Il dénoua les courroies qui le liaient au cadavre.

Il prit ce cadavre par les épaules, et, de même qu'on glisse un lingot de plomb dans une carabine, il le laissa couler dans la sombre et profonde ouverture.

Un oiseau de nuit, réveillé dans son logis obscur, s'envola en poussant son hululement lugubre.

Un nuage de poussière s'éleva.

Puis, plus rien.

Le piqueur la Ramée était à tout jamais enseveli dans cette tombe verte où ses ossements devaient blanchir.

—

Plusieurs heures s'étaient écoulées.

La nuit descendait lentement du ciel.

Nous retrouvons Caillouët sur le bord de la Loire, à quatre lieues environ du village de Vezay.

Le garde-chasse marchait à grands pas et d'un air égaré.

D'où venait-il et où allait-il ?

Nous ne le savons pas, et il ne le savait pas plus que nous.

Il marchait, il marchait toujours, parce qu'un vague instinct lui disait que la fatigue du corps pouvait seule apaiser la fièvre de l'âme, et parce qu'il avait besoin de calme et de sang-froid pour envisager sa situation et pour prendre une résolution, quelle qu'elle fût.

La première pensée du garde-chasse, après l'étrange ensevelissement de la Ramée, avait été d'aller droit au château et de brûler la cervelle à M. de Vezay, ou de lui enfoncer son couteau de chasse dans le cœur.

Mais une inspiration de vengeance plus raffinée l'avait retenu.

— Tué ainsi, et d'un seul coup, s'était-il dit, cet homme ne souffrirait pas assez ! il faut trouver mieux !

Et depuis ce moment, emporté loin du château par une course vagabonde et sans but, il cherchait.

Quant à Suzanne, qu'en ferait-il ?

Il ne songeait point à la tuer.

Une pensée, un souvenir, sauvegardait la vie de la jeune femme.

— Elle résistait... se disait Caillouët, elle n'a cédé qu'à la violence !...

Mais, presque aussitôt il ajoutait :

— Peut-être aurais-je pardonné... mais m'avoir apporté son déshonneur en dot !... C'est infâme.

Et Caillouët se proposait, après avoir accompli sa vengeance sur M. de Vezay, d'abandonner Suzanne et d'aller vivre loin de ce pays maudit.

Machinalement et sans le savoir, le garde-chasse, après s'être assis pendant un instant sur la berge élevée qui dominait le fleuve aux sables d'or, dont le reflet du ciel obscurci rendait les ondes sombres et livides, le garde-chasse, disons-nous, reprit un chemin qui le ramenait dans la direction de Vezay.

Mais sa démarche n'avait plus, comme un instant auparavant, la sauvage énergie de celle d'une bête fauve qui s'enfuit avec une balle au flanc.

Il allait d'un pas lent et pour ainsi dire épuisé.

Sa tête se penchait sur sa poitrine.

Ses bras flottaient le long de son corps.

Il mit bien du temps à franchir les quatre lieues qui le séparaient de ces belles forêts dont il était le garde.

Deux heures du matin sonnaient à l'horloge du château au moment où Caillouët atteignait l'extrémité de la longue muraille qui enfermait le parc dans son cordon de pierre.

La nuit était sans lune, mais des myriades d'étoiles étincelaient dans le ciel pur et permettaient aux regards de distinguer les objets à une assez grande distance.

Il sembla tout à coup à Caillouët qu'il voyait un mouvement bizarre, à une distance de cinq ou six cents pas environ, auprès de la petite porte du parc, voisine d'une construction de style Louis XIII, qu'on appelait le *pavillon de chasse*.

Si grande que soit la préoccupation d'un homme dont le métier est de surveiller, il surveillera toujours, malgré lui et même à son insu.

Caillouët, tout en avançant, regarda mieux.

Il ne tarda guère à se convaincre que ce mouvement qui l'avait frappé était produit par deux chevaux, l'un monté, l'autre tenu en main.

Cela lui sembla étrange.

Mais avant qu'il eût eu le temps de faire de longues conjectures, la petite porte du parc s'ouvrit.

Un homme en sortit, s'élança en selle, et les deux cavaliers partirent au galop dans la direction du domaine de Villedieu.

— Ce visiteur nocturne, se demanda aussitôt Caillouët, quel peut-il être ?... quel est-il ?

« Si c'est un hôte, pourquoi la grille ne s'est-elle point ouverte pour lui ?

« Pourquoi ses chevaux, au lieu d'attendre dans la cour d'honneur, semblaient-ils se cacher derrière ce mur et près de cette petite porte ?

« Est-ce un voleur ?

« Mais les voleurs ne viennent pas au pillage à cheval... »

Caillouët s'interrompit pendant un instant.

Sa pensée hésitait.

Mais soudain une idée nette et flamboyante traversa son esprit, y faisant la lumière au lieu des ténèbres.

— Ce n'est ni un hôte, ni un voleur !... murmura-t-il, c'est un amant !...

« Ah ! monsieur le comte !... monsieur le comte !... vous avez beau être riche et gentilhomme ! vous êtes trompé comme le garde-chasse !... et mieux trompé, car l'amant de votre femme ne lui fait pas violence, à elle !...

« Voici la vengeance qui vient à moi !... une belle vengeance !... si belle, que je n'aurais jamais osé l'espérer ainsi !...

« Vous m'avez déshonoré, monsieur le comte !.,. mais moi aussi j'aurai la preuve de votre déshonneur !... Cette preuve, je vous la jetterai au visage !... J'allumerai dans votre cœur tous les brasiers qui consument le mien !...

« Et quand vous aurez bien souffert, monsieur le comte, je vous tuerai !... »

Peut-être Caillouët ne parla-t-il point tout à fait ainsi.

Mais, à coup sûr, ce que nous venons d'écrire, il le pensa.

Et ce fut, nous l'affirmons, un soulagement infini pour cet homme que la certitude du malheur de celui à qui il devait son malheur.

La blessure du maître allait être saignante et douloureuse ; le valet trouva la sienne moins saignante et moins douloureuse...

A partir de ce moment, la puissante énergie de la nature du garde-chasse reprit le dessus.

Il se jura d'attacher sur son visage un masque dont personne au monde ne pourrait dénouer les cordons.

Il se jura de refouler au fond de son cœur ses jalousies, ses ressentiments, ses haines, jusqu'au jour où il pourrait les laisser éclater, d'autant plus terribles qu'ils auraient été plus contenus.

Il se jura enfin d'être muet et impénétrable comme cette tombe de verdure à laquelle, quelques heures auparavant, il venait de confier un secret et un cadavre.

C'est dans ces idées qu'était Caillouët lorsqu'il regagna sa chaumière.

Suzanne, habituée aux longues absences de son mari et à son retour à toutes les heures de la nuit, dormait et ne se réveilla pas.

Lorsque le garde-chasse, après avoir pris un peu de repos que l'excès de sa fatigue exigeait impérieusement, se leva pour quitter la maisonnette du bord de l'étang, Suzanne s'occupait des soins du ménage.

Caillouët n'échangea avec elle que peu de paroles.

— Ne déjeunez-vous pas ici? lui demanda-t-elle, en le voyant boucler ses guêtres et prendre sa carabine.

— Non, répondit-il simplement et de son ton habituel.

— Reviendrez-vous dîner?

— Je ne sais pas.

— Où allez-vous donc?

— Au château, où l'on m'attend.

Ce fût tout.

Suzanne, dans ce peu de mots, ne remarqua ni un accent bizarre, ni une froideur inaccoutumée.

Elle s'approcha de son mari et lui présenta son front.

Caillouët voulut détourner la tête.

Mais il se rappela ce qu'il s'était juré à lui-même, et il se contint.

Ses lèvres mirent un baiser sur le front de Suzanne...

Ensuite il quitta la chaumière, et, ainsi qu'il venait de le dire, il se dirigea du côté du château...

XX

LA CINQUIÈME NUIT.

Caillouët trouva toute la valetaille en grand émoi au sujet de la disparition incompréhensible de la Ramée.

Sorti la veille dans la matinée, le piqueur n'avait point reparu.

Le pauvre diable n'aurait eu, hélas!... que de trop excellentes raisons à donner pour son absence.

— L'avez-vous vu? l'avez-vous vu? demandèrent dix voix à Caillouët.

— Oui, répondit le garde-chasse.

— Quand?

— Hier.

— Où?

— Là où il était.

— Mais où était-il?... où est-il à présent?

Caillouët haussa les épaules.

Puis, sans se préoccuper autrement de répondre à toutes les questions, il s'adressa au valet de chambre et le chargea de prévenir M. de Vezay qu'il était là et qu'il désirait lui parler au sujet du piqueur la Ramée.

Le comte reçut aussitôt le garde-chasse.

Caillouët, avant d'entrer auprès de son maître, mit autour de son cœur un *triple airain*, comme dit Horace, et fit de son visage un masque de bronze, impénétrable et sans expression.

— Eh bien! Caillouët, demanda M. de Vezay, y a-t-il quelque chose de nouveau?

— Beaucoup de nouveau, monsieur le comte.

— Vraiment!...

— Et ce nouveau vous étonnera fort.

— As-tu découvert nos braconniers?

— Oui.

— Combien sont-ils?

— Un seul.

— Bah!

— C'est comme ça.

— Tu en es sûr?

— Parfaitement sûr, monsieur le comte.

— Et ce hardi coquin, quel est-il?

— La Ramée.

Le comte, entendant ce nom, fit un mouvement brusque; symptôme de stupéfaction auquel le garde-chasse s'attendait.

Les paroles de Caillouët trouvèrent d'abord M. de Vezay incrédule, de même que Caillouët avait été incrédule aux paroles de Nicaise.

— Allons donc! s'écria le comte, un piqueur braconnier!

Le garde-chasse ne répondit pas.

— Voyons, demanda M. de Vezay, voyons, Caillouët, tu plaisantes, n'est-ce pas?...

— Je ne me permettrais point une plaisanterie avec monsieur le comte...

— Ainsi, c'est sérieux?...

— Malheureusement, trop sérieux.

— La Ramée braconnier?

— Oui, monsieur le comte.

— Mais dans quel but?

— Dans le but de vendre son gibier, pardieu!...

— Tu en as la preuve?

— Oui, monsieur le comte.

— Tu l'as pris sur le fait?

— Si bien sur le fait, que j'ai saisi le chevreuil entre les mains de l'acquéreur...

— Ce matin?

— Non, monsieur le comte, hier.

— Dans la forêt?

— Non, monsieur le comte, à la Maison-Rouge.

— Et qu'as-tu fait de la Ramée?

— Je lui ai mis la main sur le collet pour le conduire devant vous.....

— Eh bien! où est-il?

— Il doit être loin, s'il court toujours.

— Il t'a donc échappé?

— Oui, monsieur le comte... par malheur!

— Comment cela est-il arrivé?

— J'étais épuisé de fatigue, car il m'avait fallu d'abord soutenir un siége à la Maison-Rouge... et, de plus, j'étais forcé de traîner mon coquin qui ne voulait pas marcher et qui se débattait comme un diable dans un bénitier... le drôle s'aperçut de mon épuisement, il en profita pour me faire lâcher prise ; il me jeta dans les yeux une poignée de sable fin qui m'aveugla, et il s'enfuit...

— L'as-tu poursuivi?...

— Oui, monsieur le comte, pendant presque toute la nuit... Je suis allé jusque plus loin que Villers, sur les bords de la Loire... mais impossible de retrouver mon homme, et à moins de mettre la gendarmerie à ses trousses, ce qui est facile...

— A quoi bon? interrompit le comte, il est parti, bon voyage! qu'il aille se faire pendre ailleurs!...

Telle fut l'unique oraison funèbre de la Ramée.

— Monsieur le comte n'a pas d'autres ordres à me donner? demanda Caillouët.

— Non, aucun.

— Alors, je me retire.

— Oui, va. A propos, Caillouët, comment se porte ta femme?

Les dents aiguës du garde-chasse se heurtèrent dans une contraction terrible.

Cependant, au bout d'une seconde, il put répondre d'une voix parfaitement calme :

— Elle va bien, monsieur le comte, je vous remercie.

— Ne m'a-t-on pas dit qu'elle était grosse?...

Caillouët, le sachant peut-être, mit la main sur la poignée de son couteau de chasse.

Mais ce geste n'eut pas de suite.

— Elle est grosse en effet, monsieur le comte... dit-il enfin.

— Et quand doit-elle accoucher?...

— Mais dans un mois ou deux, je pense.

— Tu as là une bonne et belle ménagère, Caillouët... rends-la heureuse, mon ami...

— Dame!... je fais ce que je puis... je sais bien que Suzanne est un trésor, et je n'oublierai jamais, monsieur le comte, que c'est vous qui m'avez donné ce trésor...

— J'aurai soin de ton enfant, Caillouët...

— Monsieur le comte est si bon!...

— Ne me remercie pas; ce que je fais est naturel, car tu es un vieux serviteur...

L'entretien entre le comte et le garde-chasse se termina là.

Puis Caillouët descendit dans les cuisines, où il eut à satisfaire la curiosité dévorante de la livrée, en narrant de nouveau, à propos du piqueur braconnier, toutes les circonstances qu'il venait de mettre sous les yeux de M. de Vezay.

Rien au monde, on en conviendra, n'était plus vraisemblable que cette fugue de la Ramée, et personne n'eut seulement l'idée de mettre en doute la véracité du conteur.

———

La nuit arriva.

Dès onze heures du soir, Caillouët alla se mettre en embuscade dans un buisson de noisetiers sauvages qui croissaient à environ une portée de fusil de la petite porte du parc.

Il resta là jusqu'à cinq heures du matin, et il dut enfin se retirer au jour naissant sans avoir vu paraître personne.

Il en fut de même la nuit suivante...

Et la troisième...
Et la quatrième...
Mais Caillouët avait une volonté d'acier dans un corps de fer.
Son insuccès ne le découragea point.
Il se dit qu'il reviendrait ainsi chaque soir, s'il le fallait, pendant un an.
Cette persévérance ne tarda pas à porter ses fruits.
La cinquième nuit, Caillouët, vers une heure du matin, entendit ce bruit léger et régulier que produisent les sabots des chevaux de race en frappant la terre labourée.
Il se retourna à demi dans son buisson, et il vit deux cavaliers qui s'avançaient au petit pas de son côté.
L'un des deux marchait un peu en avant de l'autre.
Le ciel était clair et lumineux.
Quand le cavalier passa à côté du buisson de noisetiers, le garde-chasse vit son visage presque aussi distinctement qu'en plein soleil.
— Monsieur le vicomte Armand de Villedieu!... murmura-t-il; l'ami du mari est l'amant de la femme!... Allons!... voilà qui va bien, et j'aurais tort de me plaindre!...
Arrivé auprès de la muraille du parc, le vicomte descendit de son cheval dont il jeta la bride au valet, qui s'éloigna aussitôt avec les deux montures.
M. de Villedieu prit une clef dans sa poche.
Il ouvrit la petite porte et il entra dans le parc.
Caillouët entendit pendant un instant le bruit de ses pas qui s'éloignaient en foulant le sable fin des allées.
— L'autre nuit, se dit-il, j'étais bien sûr... maintenant je suis plus sûr encore ! je crois que demain je pourrai parler...
Le garde-chasse voulait savoir combien de temps durerait l'amoureuse entrevue.
En conséquence, il resta à son poste.
Deux heures s'écoulèrent.
Au bout de ce temps, le valet de M. de Villedieu reparut le premier avec les chevaux.
Quelques minutes se passèrent encore.
Puis le vicomte sortit du parc, sauta en selle et s'éloigna au galop.
Caillouët se frotta les mains et regagna sa maisonnette.
Les saignantes blessures de ce cœur déchiré ne l'empêchaient point de ressentir, en ce moment, une joie farouche.
Le garde-chasse était et devait en effet être épuisé par les fatigues successives et non interrompues de cinq nuits d'insomnie complète.
Il se mit au lit et essaya de dormir.
Mais il lui fut impossible de fermer l'œil.
La fièvre de la haine et de la vengeance lui brûlait le sang et faisait battre ses veines cent cinquante fois par minute.
Il lui tardait de voir le jour se lever.
Il lui tardait de travailler à la réalisation du premier de ses rêves.
Quelques heures encore, et il allait, avec un mot, faire du bonheur de M. le comte de Vezay ce que M. le comte de Vezay avait fait du bonheur de Caillouët le garde-chasse !
Enfin le soleil parut, s'élevant radieux au-dessus des cimes verdoyantes de la futaie.
Caillouët s'élança hors de son lit.
C'était le 17 septembre 1820.

XXI

DEUX BERCEAUX ET UN RUBAN NOIR.

— Monsieur le comte, dit le garde-chasse aussitôt qu'il se trouva en présence de son maître, il se passe quelque chose qui n'est pas naturel...
— Où ? demanda M. de Vezay.
— Ici même.
— Au château ?...
— Oui, monsieur le comte, au château.
— Encore un braconnier parmi mes gens, peut-être ?...
— Pis que cela, monsieur le comte.
— Voyons, Caillouët, explique-toi...
— Eh bien ! monsieur le comte, quelqu'un s'introduit la nuit dans le parc...
— Par escalade ?

— Non, monsieur le comte, par la petite porte qui se trouve à côté du pavillon de chasse...
— Je croyais cette porte fermée...
— Sans doute, elle l'est ; mais le *quelqu'un* dont je vous parle en a la clef.
— Est-ce un voleur?
— Non, monsieur le comte.
— Comment le sais-tu?
— Un voleur n'arriverait pas à cheval et suivi d'un valet...
M. de Vezay devint pâle.
Son front se plissa et ses paupières s'abaissèrent brusquement sur ses yeux inquiets.
— Mais si ce n'est pas un voleur... murmura-t-il, qu'est-ce donc ?...
Caillouët ne répondit pas.
— Qu'est-ce donc? répéta-t-il.
— Je n'en sais rien, dit le garde-chasse, et je ne me permettrais aucune supposition.
Le comte s'était laissé tomber sur un siége.
Il cachait dans ses deux mains sa tête pâle.
— Allons ! se dit Caillouët avec un infernal sourire, j'avais bien visé !... le coup porte !...
Quelques minutes se passèrent ainsi.
Puis M. de Vezay sembla secouer la défaillance qui s'était emparée de lui.
Il releva la tête et il dit au garde-chasse :
— Raconte-moi tout ce que tu sais... tout ce que tu as vu... entre dans les plus grands détails.
Caillouët obéit.
Nous connaissons d'avance le récit qu'il fit.
Seulement, il eut soin d'omettre une circonstance importante, la plus importante de toutes.
Il affirma qu'il lui avait été impossible de voir le visage du nocturne visiteur.
Quand le garde-chasse eut achevé, M. de Vezay réfléchit longtemps.
— Tu avais raison, fit-il ensuite, tu avais raison, Caillouet, tout cela est étrange, tout cela est grave... il faut éclairer ces ténèbres, il faut chercher, il faut savoir...
Caillouet ne répondit que par un signe affirmatif.
M. de Vezay continua :
— Cette nuit, nous veillerons, et non-seulement cette nuit, mais les autres... jusqu'à ce que cet homme revienne... tu attendras auprès du pavillon de chasse, mais dans l'intérieur du parc... Aussitôt qu'il y aura quelque chose, tu viendras me prévenir... tu me trouveras debout et prêt..
— Oui, monsieur le comte.
— Surtout, pas un mot de ceci à qui que ce soit !...
— Oh ! je sais garder un secret, et monsieur le comte peut être tranquille !...
Caillouët ne s'était point trompé en disant qu'il avait visé juste et que le coup portait.
En effet, ce premier et terrible soupçon jeté dans l'âme du comte, cette première blessure faite à son cœur, étaient brûlants et douloureux autant que le pouvait souhaiter la vengeance la plus haineuse.
Trois nuits se passèrent, nuits d'anxiété, d'angoisses, de tortures, sans amener pour M. de Vezay le moindre résultat.
Enfin, la quatrième nuit arriva.
C'était celle du 20 septembre.
Deux heures du matin sonnaient ; la tempête se déchaînait dans le ciel sombre, rayé par les éclairs fulgurants.
Caillouët vint chercher le comte.
Nous avons raconté plus haut l'histoire de cette nuit sinistre.
Nos lecteurs n'ont point encore eu le temps d'en oublier les terribles détails.

Nous venons de faire dans le domaine du passé une excursion, trop longue peut-être.
Réparons, autant que cela dépendra de nous, ce tort involontaire, en marchant désormais avec les événements, et le plus rapidement possible.
Quarante-huit heures s'étaient écoulées depuis le dernier entretien de M. de Vezay et du garde-chasse.
Dans cet entretien, on s'en souvient sans doute, le comte avait obtenu de Caillouët la promesse formelle que, ce même jour, il quitterait le pays et se dirigerait vers Nantes avec sa femme, afin que de là il pût prendre passage sur quelque navire qui l'emporterait à travers l'Océan vers les rives du nouveau monde.
Caillouët avait reçu du comte une somme de deux mille

francs en or et un mandat de vingt mille francs payable à vue chez un des principaux banquiers de Nantes.

Au bout des quarante-huit heures dont nous parlions il n'y a qu'un instant, M. de Vezay apprit avec un étonnement indicible que le garde-chasse avait en effet quitté le pays, mais qu'il était parti seul, abandonnant sa femme.

Ceci était d'autant plus étrange, que la grossesse de Suzanne, nous le savons, touchait à son terme.

Or, Caillouët n'avait pas même pris la peine de retourner à sa chaumière pour dire à Suzanne un *au revoir* ou un *adieu*.

Rencontré par un valet du château à huit ou dix lieues de Vezay, sur la route de Bretagne, il avait répliqué laconiquement aux questions de cet homme :

— Je pars, et l'on ne me reverra plus dans ce pays-ci...
— Quoi, jamais ?...
— Jamais.
— Mais ta femme ?...

Caillouët n'avait rien répondu, et, frappant la poussière avec le bout ferré de son bâton de voyage, il avait repris sa marche rapide.

Quelle pouvait être la cause de cet abandon dédaigneux, de ce silence méprisant ?

Il y en avait bien une...

Et celle-là, M. de Vezay la connaissait mieux que personne...

C'était le secret d'une autre nuit... d'une nuit de violence, de crime, d'infamie !...

Mais M. de Vezay devait croire, et croyait en effet qu'une obscurité impénétrable avait enveloppé pour tous les yeux cet odieux mystère.

En cela, nous le savons, il se trompait.

Le comte s'épuisait vainement à chercher la solution de ce problème, quand son valet de chambre vint lui dire :

— Monsieur le comte, il y a dans les cuisines un petit paysan qui insiste pour vous parler...
— Quel est ce petit paysan ?
— Un enfant de dix ou douze ans, un vagabond, un vaurien... on l'appelle Nicaise.
— Que me veut-il ?
— Je lui ai adressé cette question, et il m'a répondu que ce qu'il avait à dire, il ne le dirait qu'à monsieur le comte.

Après un instant d'hésitation, M. de Vezay répondit :
— Amenez ici cet enfant... mais d'abord allumez ces bougies...

L'obscurité était venue.

Le valet obéit; puis il sortit de la chambre de son maître, dans laquelle il rentra au bout d'un instant avec Nicaise.

Ce dernier roulait avec embarras un bonnet de coton tout neuf, à raies rouges, à raies bleues et à raies blanches.

Nicaise avait consacré à cette splendide acquisition une partie de ses trois cents sous.

Ajoutons qu'il s'était aperçu, non sans un notable étonnement, que le reste de la somme ne lui suffisait point pour acheter, ainsi que nous lui en avons entendu manifester l'intention, un grand cheval et un beau fusil.

— Que me veux-tu, mon enfant ? lui demanda le comte quand le domestique se fut retiré.
— Notre monsieur... répondit Nicaise, je viens vous chercher...
— Me chercher ? répéta M. de Vezay.
— Oui, notre monsieur.
— Pour me conduire où ?
— Devers Suzanne... elle est bien malade, la pauvre Suzanne, et elle vous demande...
— Suzanne est bien malade !... s'écrie le comte. Suzanne ?... la femme de Caillouët ?...
— Oui, notre monsieur... J'étais allé dans sa maison à tout à l'heure, pour lui demander si c'était vrai que Caillouët *avait* parti, comme un chacun dans le pays ils le disent», elle est dans son lit, la pauvre Suzanne, et tout aussi pâle que si elle était déjà morte, et elle m'a dit : *Nicaise, va-t'en devers notre monsieur le comte, et tu lui parleras à lui tout seul... et tu lui raconteras que je suis dans mon lit où je vais mourir, et qu'auparavant je voudrais bien lui dire quelque chose*. Et tout aussitôt je m'en suis venu vous chercher, notre monsieur... Faut-il que je m'en retourne, afin de dire à Suzanne que vous allez venir *devers* elle ?...
— Oui, mon enfant, répondit M. de Vezay avec une émotion profonde, va le premier, je te suivrai dans un instant.

—

Ainsi que Nicaise venait de le dire, la pauvre Suzanne était malade, bien malade.

Voici ce qui s'était passé.

Quelques heures auparavant, un villageois, non point mal intentionné, mais maladroit, lui avait brusquement appris que ce qu'elle prenait pour une simple absence de son mari était un départ définitif.

A l'appui de cette terrible nouvelle, il avait répété les réponses faites par Caillouët au valet qui l'avait rencontré la veille sur la route de Nantes.

Suzanne s'était sentie foudroyée.

Certes, la jeune femme n'éprouvait pas d'amour pour son mari ; mais depuis son mariage avec elle, le garde-chasse avait su lui inspirer une affection qui, pour être calme, n'en était pas moins profonde.

D'un autre côté, Suzanne se savait aimée par Caillouët, éperdument aimée.

Or, si son mari l'abandonnait ainsi, s'éloignait d'elle pour toujours avec un silence insultant, il fallait que la haine et le mépris eussent remplacé l'amour, il fallait qu'il eût appris la vérité tout entière.

Suzanne n'eut pas un seul instant de doute.

Elle se dit que Caillouët savait le secret funeste qu'au prix de sa vie elle aurait voulu lui cacher !

Elle comprit que désormais elle était seule au monde.

Il lui sembla que quelque chose se brisait en elle ; elle éprouva une douleur atroce, et elle tomba roide et sans connaissance sur la terre battue qui remplaçait le plancher dans sa chaumière.

Une nouvelle et plus indicible souffrance la rappela à elle-même.

Quand elle reprit ses sens, elle se tordait dans les tortures d'un accouchement avant terme.

Il ne fallait point songer à se traîner jusqu'au village pour y demander du secours ; tout au plus Suzanne eut-elle la force de se déshabiller et de se mettre au lit.

Là, elle attendit l'événement.

Elle se disait que le fil de sa vie était tranché, qu'à peine elle aurait le temps de voir et d'embrasser l'enfant qui allait venir au monde.

Elle se sentait résignée à mourir, mais non point à laisser orpheline et abandonnée la pauvre petite créature près de naître.

C'est en ce moment que Nicaise entra dans la chaumière.

— Dieu l'envoie !... se dit Suzanne, Dieu me prend en pitié !...

Et elle murmura les paroles que nous avons entendu l'enfant rapporter fidèlement à M. de Vezay.

Nicaise s'élança au dehors.

A peine venait-il de sortir, que l'instant suprême arriva, et, au bout d'un quart d'heure de souffrances, Suzanne tenait entre ses bras un petit enfant qu'elle appuyait passionnément contre son cœur et qu'elle couvrait de baisers et de larmes...

C'était une fille.

. . . .

Peut-être en ce moment le plus faible secours, la routinière médication d'une sage-femme de vingtième ordre eussent-ils encore suffi pour sauver Suzanne, tant la jeunesse est puissante, tant la vie a de ressources !

Mais Suzanne était seule... toute seule...

Elle ne savait pas !...

Et ses forces s'en allaient avec son sang !...

Déjà ce sang précieux ruisselait à travers la couche traversée et changeait la terre durcie en une boue fumante et rougeâtre.

D'instant en instant, Suzanne se sentait devenir plus faible.

Son cœur battait lentement, des formes indistinctes passaient devant ses yeux troublés.

Ses mains ne sentaient presque plus le corps de son enfant.

— Seigneur, mon Dieu ! murmurait la jeune femme, faites qu'il arrive assez tôt...

Enfin, un bruit léger se fit dans la chaumière.

C'était Nicaise.

— Notre monsieur va venir ! s'écria-t-il, donnez-vous patience... dans un moment il sera ici...

— Trop tard, peut-être... pensa Suzanne.

Cinq minutes passèrent encore.

Le sang ne coulait presque plus.

Les veines de Suzanne étaient épuisées.

L'âme de la jeune femme voletait sur ses lèvres comme un papillon sur la fleur qu'il va quitter.
Le comte entra dans la pauvre demeure.
Suzanne ne voyait plus; elle ne le vit donc pas, mais elle devina sa présence.
Elle essaya de se tourner de son côté.
Elle essaya de lui présenter la petite fille.
Hélas! il n'y avait plus en elle de force ni de vie.
Elle ne put faire un mouvement.
Ses lèvres s'agitèrent...
Le comte se pencha sur elle.
Il entendit ces mots, balbutiés, interrompus, indistincts :
— C'est... votre... enfant... je vous le rends... aimez-le... aimez-le bien... Moi... je...
Le reste de la phrase se perdit en un vague murmure.
Le papillon quittait la fleur.
L'âme s'envolait.
Suzanne Caillouët était morte !...

Dans le premier moment, M. de Vezay prit cette mort pour un simple évanouissement.
Mais il lui fut impossible de conserver longtemps le moindre doute à cet égard.
Le sommeil de la malheureuse Suzanne était de ceux dont on ne se réveille pas!
M. de Vezay, consterné et épouvanté, envoya Nicaise chercher le vieux prêtre que nous connaissons.
Le ministre de Dieu ne se fit point attendre.
Il s'agenouilla auprès de la couche mortuaire et pria pour la jeune morte.
Le comte, lui aussi, pria.
Puis il reprit le chemin du château, emportant avec lui l'enfant.
Ce soir-là, la fille de Suzanne s'abreuva au même sein que la fille de Marguerite.

Chose étrange! dans une même chambre et sous le même toit se trouvaient ainsi deux enfants.
Deux enfants, nées l'une et l'autre d'une faute.
La première, fille de l'adultère, n'avait pas droit au nom qu'elle devait porter.
La seconde, fille de la violence, devait être déshéritée du nom que l'autre porterait à son préjudice.
M. de Vezay n'était point le père de celle qu'il lui fallait appeler sa fille.
Il ne pouvait appeler sa fille celle dont il se savait le père.
Pendant toute la nuit et pendant toute la journée du lendemain, cette pensée agita le comte.
Il alla voir les enfants.
La nourrice avait placé à la droite de son lit le berceau de mademoiselle de Vezay.
A la gauche, celui de la fille de Suzanne.
En outre, et pour être plus sûre de ne se point tromper, elle avait noué un ruban noir autour du poignet droit de l'enfant de Suzanne, qu'une nourrice étrangère devait venir chercher le lendemain.
Le comte remarqua ces détails et sa préoccupation augmenta singulièrement.
Vers le soir, son agitation devint fiévreuse.
Il murmurait tout bas des mots interrompus, et il s'arrêtait pour regarder autour de lui si personne n'avait pu l'entendre.
Enfin, il sembla tout à coup prendre un parti.
— Allez prévenir la nourrice que je l'attends ici, dit-il à un domestique, et qu'elle vienne me parler sur-le-champ.
Et tandis que la bonne grosse paysanne accourait, M. de Vezay, quittant son appartement, montait d'un pas rapide et par un escalier dérobé à la chambre des enfants.
Une minute lui suffit pour changer les berceaux de place et pour attacher au bras de la fille de Marguerite le ruban noir de la fille de Suzanne.
Puis, chancelant comme un homme ivre, il regagna l'escalier dérobé par lequel il était venu et redescendit dans sa chambre.
La nourrice l'attendait.
— Monsieur m'a fait appeler? lui demanda-t-elle.
— Oui, balbutia le comte avec trouble, je voulais... j'avais à vous dire... mais je ne me souviens pas... Plus tard... plus tard...
Et il la congédia du geste.

La nourrice remonta tout étonnée.
— Que viens-je de faire? se demanda M. de Vezay resté seul. Est-ce un crime réparé?... est-ce un crime de plus?...
Et sa conscience troublée ne lui répondit pas.
Le lendemain, le bon vieux prêtre qui avait prié auprès du lit de mort de Marguerite et auprès de celui de Suzanne baptisa les deux enfants.
L'une reçut le nom de *Madeleine*.
On appela l'autre *Jeanne*.
La première, la fille du comte et de Suzanne Guillot, resta au château et fut *Madeleine de Vezay*.
La seconde, fruit des amours coupables d'Armand de Villedieu et de la comtesse Marguerite, devint *Jeanne Caillouët*, et une nourrice villageoise l'emporta dans un hameau situé sur l'autre rive de la Loire.
En changeant de place un berceau, en dénouant un ruban noir, M. de Vezay venait de substituer sa volonté à celle de Dieu! il venait de changer la destinée de deux êtres!...
Comme lui, nous nous demandons s'il avait bien ou mal agi en agissant ainsi?
Comme lui, nous ne pouvons pas nous répondre.
Le comte de Vezay venait de jouer ainsi la dernière scène du prologue d'un drame, et d'en accomplir la péripétie suprême.
Le prologue achevé, place restait au drame.
Ce prologue avait été terrible.
Le drame ne devait point être moins étrange ni moins émouvant.

FIN DE LA PREMIÈRE PARTIE.

DEUXIÈME PARTIE.

UNE INSTRUCTION CRIMINELLE

I

COUP D'ŒIL EN ARRIÈRE.

Vingt ans s'étaient écoulés depuis les événements qui terminent la première partie de notre œuvre.
Ceci nous reporte, comme on voit, à l'année 1840.
Nous sommes toujours en Touraine, toujours au château de Vezay.
Mais avant d'entrer de plein saut dans le vif de l'action, renouons le passé au présent, rattachons d'une main prompte et sûre les fils, sinon brisés, du moins détendus, de notre récit.
C'est indispensable et ce sera court.
A tout seigneur, tout honneur! Parlons d'abord de M. de Vezay; il nous servira de transition facile et certaine pour arriver à nos autres personnages.
Le comte, après la mort de Suzanne, après la substitution de sa fille naturelle à la fille adultérine de la comtesse Marguerite, le comte, disons-nous, avait voulu savoir ce qu'était devenu Caillouët, le retrouver, et apprendre de lui les motifs pour lesquels il avait abandonné sa femme.
En conséquence, M. de Vezay écrivit à son banquier de Nantes, Pelo-Kerven.
Le banquier répondit que l'ex-garde-chasse s'était présenté à sa caisse et avait touché le montant du mandat signé par le comte...
Sans doute, muni de cette fortune, il avait pris passage à bord de quelque navire en partance.
D'après cette réponse, M. de Vezay fit commencer de nouvelles informations, longues et minutieuses...

Il en résulta la certitude qu'aucun passager du nom de Caillouët, aucun même dont le signalement se rapportât à celui de l'ancien garde-chasse, ne s'était embarqué, soit à Nantes, soit à Paimbœuf, soit à Saint-Nazaire.

Peut-être Caillouët avait-il gagné Lorient, La Rochelle ou Brest.

C'était peu probable, mais enfin c'était admissible.

Dans l'impossibilité absolue de faire explorer tous les ports, petits et grands, du littoral, M. de Vezay dut renoncer à trouver la trace du mari de Suzanne.

Bref, que Caillouët fût vivant ou mort, en France ou aux grandes Indes, personne n'avait entendu parler de lui depuis vingt ans.

Vingt ans !...

C'est un jour ou un siècle...

Sur certaines natures, vingt années glissent sans laisser plus de traces que la mer, quand son flot tranquille a passé sur les grèves en les caressant.

Il est des hommes que vous avez vus à quarante ans et que vous retrouvez à soixante, toujours les mêmes, le jarret ferme, les reins souples, bon pied, bon œil, et l'estomac à l'avenant.

Sans doute, la pensée ou les fatigues du corps ont creusé sur le front de ces hommes une ride un peu plus profonde ; sans doute, leurs cheveux plus rares ont grisonné autour des tempes.

Mais qu'est-ce qu'une ride de plus et quelques cheveux de moins quand tout le reste est intact?

Pareils à ces donjons éternellement solides de certains châteaux du moyen âge, les vieillards dont nous parlons sont jeunes encore à soixante ans.

Il n'en avait point été ainsi pour le comte de Vezay.

Ces vingt années avaient triomphé complétement de sa nature, cependant forte et nerveuse.

Il semblait de dix ans plus âgé qu'il ne l'était réellement.

Sa tête, presque entièrement chauve, offrait des tons d'ivoire jauni.

Ses épaules se voûtaient.

Il avait la goutte et des rhumatismes, il ne pouvait plus chasser que rarement, et d'une promenade qui durait deux heures il ne manquait guère de rapporter une courbature qui durait huit jours.

—

Trois autres personnages doivent jouer des rôles d'une grande importance dans le drame qui se prépare.

Nous allons dire, en passant, quelques mots de chacun d'eux, sauf à revenir bientôt, et plus à loisir, sur des esquisses trop légèrement indiquées.

Ces trois personnages sont :

Madeleine de Vezay, Jeanne Caillouët, et enfin, Lucien de Villedieu.

Chacune des jeunes filles avait vingt ans.

Lucien en avait vingt-six.

Madeleine de Vezay offrait le type accompli de la plus souveraine beauté ; seulement, tous ceux qui se souvenaient de la comtesse Marguerite s'étonnaient de l'étrange dissemblance de la mère et de la fille.

Marguerite avait été l'une de ces femmes blondes et blanches, frêles, et pour ainsi dire aériennes, qui font involontairement penser aux vaporeuses divinités de la mythologie scandinave.

Madeleine, au contraire, grande et brune, svelte pourtant avec des formes pleines et des contours accusés, ressemblait aux belles et nobles vierges des contrées méridionales.

« Sous sa tresse d'ébène, on eût dit, à la voir,
« Une jeune guerrière, avec un casque noir, »

a dit d'une de ses héroïnes, en vers charmants, un charmant poëte.

Nous reproduisons cette gracieuse image qui nous semble s'appliquer admirablement à Madeleine.

Hâtons-nous d'ajouter que, de la *jeune guerrière*, Madeleine n'avait que la beauté fière et les grands cheveux sombres.

Jamais fille plus chaste et plus douce, plus modeste et plus sainte, et plus timide aussi, n'avait pu se rencontrer en ce monde.

Madeleine était la joie de la maison, la providence des pauvres, la consolation des affligés.

Sur les deux rives de la Loire, à trois ou quatre lieues en amont et en aval, on ne la désignait que de cette façon : *la bonne demoiselle du château de Vezay*.

L'infinie bienveillance de Madeleine s'étendait sur toute créature animée.

Mais au fond de son cœur il y avait trois amours :

Elle aimait Dieu, d'abord ;

Son père, ensuite ;

Et, enfin, Lucien de Villedieu, son fiancé.

Ces derniers mots demandent une brève explication.

Nous allons la donner.

Lucien de Villedieu était bien le fils du vicomte Armand, tué en duel par M. de Vezay dans la nuit du 20 septembre 1820, et dont les caveaux funéraires du château avaient reçu la dépouille mortelle.

Le comte de Vezay avait pensé qu'en donnant sa fille, sa pure et bien-aimée Madeleine, à ce jeune homme auquel il avait enlevé son père, il s'acquitterait presque envers lui...

Soit qu'il y eût quelque chose de vrai au fond de cette croyance, soit qu'elle fût complétement erronée, toujours est-il que Lucien de Villedieu était digne du bonheur promis.

Mâle beauté, fortune, naissance, noble cœur, intelligence d'élite, enfin, profond amour pour sa fiancée, ce jeune homme réunissait tout.

Il avait été convenu que le mariage serait célébré aussitôt que Madeleine aurait atteint l'âge de vingt ans révolus.

Or, on était au commencement du mois de septembre.

Il ne fallait donc plus que quelques semaines pour que l'époque fixée arrivât.

M. de Vezay témoignait à Lucien une tendresse toute particulière, et au fond, nous croyons qu'il éprouvait réellement cette tendresse.

Il ne nous reste plus à parler, quant à présent, que de Jeanne Caillouët ; mais l'esquisse de cette figure est bien autrement difficile à tracer que ne le furent les croquis de celles qui précèdent.

Jeanne Caillouët était, dans toute la force du terme, une créature étrange.

En elle, tout était bizarre, tout était composé de disparates et d'anomalies, son allure, son caractère, sa position, ses habitudes.

Comme Madeleine, Jeanne avait vingt ans.

C'était une jeune fille rose et blonde, frêle en apparence, et qu'un coup de vent semblait devoir ployer ainsi qu'un roseau.

Les grands yeux bleus de Jeanne offraient une touchante expression d'indicible douceur.

Les anges doivent sourire comme souriaient ses lèvres roses.

Eh bien ! tout cela était trompeur !

Sous la frêle écorce de la jeune fille, sous cette peau satinée d'une blancheur diaphane et en quelque sorte transparente, se cachaient des muscles d'acier.

Jeanne pouvait passer un jour tout entier à courir à travers la campagne, emportée par son petit poney breton, demi-sauvage, sans que le soir il y eût sur son frais visage trace d'altération ou de fatigue, sans qu'une ombre légère se dessinât autour de ses longues paupières frangées de longs cils.

Sous l'apparente douceur de mademoiselle Caillouët, il y avait une volonté de fer, un orgueil surhumain, une irritabilité sans bornes.

Dans la colère, Jeanne pâlissait, et ses yeux veloutés, ses yeux aux reflets de saphirs, lançaient de fauves éclairs, dont peu de regards, nous le croyons, auraient pu soutenir l'éclat sans se baisser.

Alors, les lèvres roses, les lèvres angéliques se plissaient dans une contraction violente, et les petites dents de Jeanne, ces perles du plus pur orient, semblaient prêtes à mordre, tant l'expression de la bouche devenait menaçante.

Est-ce à dire que la nature de la jeune fille fût sincèrement et positivement mauvaise ?

Nous prendrons sur nous de répondre : Non ! cent fois non !

Jeanne, au contraire, était bonne au fond, elle était pleine de cœur et de générosité vaillante ; seulement, il y avait en elle un mauvais côté.

Jeanne aurait regardé avec horreur une méchante action commise dans un but d'intérêt.

Mais elle n'aurait point reculé, peut-être, devant cette même action, si elle avait eu pour mobile une passion telle que l'amour, la jalousie, la vengeance.

Nous venons de prononcer le mot *passion*.

Celles de Jeanne étaient, ou plutôt devaient être impétueuses, irrésistibles.

Le jour où elles se manifesteraient sérieusement, il faudrait que tout pliât ou rompît devant elles.

Jeanne ignorait que l'on pût se dominer, elle ne savait même pas que l'on dût le faire.

Ceci tenait à l'éducation qu'elle avait reçue, et aussi à sa position actuelle.

Cette position devait paraître singulière, comme tout ce qui se rapportait à la jeune fille.

Jeanne était, tout à la fois, fermière et dame châtelaine, fille des champs et fille du monde, et, par-dessus tout cela, parfaitement indépendante de toutes les façons, car elle était riche.

Et notons, en passant, que quand nous disons que Jeanne était riche, il ne s'agit point ici d'une fortune de paysanne, quelque douze cents francs de revenu, en poules, en dindons, en lapins.

Non.

Jeanne Caillouët avait vingt-cinq mille livres de rente, tout au moins...

Comment cela pouvait-il être possible ? demande plus d'un de nos lecteurs en souriant. M. de Vezay avait donc fait preuve à son égard d'une bien prodigue et bien folle générosité !

Comment cela se pouvait faire ?

Eh ! mon Dieu ! de la façon du monde la plus simple.

Le comte ne s'était montré ni prodigue, ni même généreux, mais seulement honnête homme.

La comtesse Marguerite lui avait apporté en mariage une fortune considérable.

Pouvait-il faire passer cette fortune à la fille de Suzanne Guillot ?

Évidemment non.

Il fallait, de toute nécessité, que les grands biens de Marguerite devinssent la propriété de l'enfant de Marguerite.

M. de Vezay avait cherché un moyen d'atteindre ce résultat.

Ceci, par parenthèse, était moins facile qu'on ne l'imagine.

On n'enrichit pas les gens sans se donner un peu de mal, surtout quand on ne veut point, par quelque démarche imprudente, risquer de dissiper les ténèbres épaissies à dessein autour d'un terrible secret.

Jeanne Caillouët fut laissée jusqu'à l'âge de six ans chez sa nourrice.

Là, quoique vivant en bon air, courant tout le jour, prenant sa part d'une nourriture grossière, mais saine, elle grandit lentement et ne se développa point aussi vite qu'on aurait pu l'espérer...

Elle restait frêle et mignonne, et peut-être un peu pâle ; mais faible en apparence, elle était cependant forte en réalité.

A six ans, la petite fille fut placée, par les soins de M. de Vezay, dans un bon pensionnat voisin de Paris.

Le comte laissa s'écouler quatre ans encore.

Puis, à cette époque, un notaire dont la réputation de haute délicatesse était généralement accréditée et justifiée, reçut d'un commettant mystérieux, qui voulait garder l'anonyme, une somme de cinq cent mille francs, en rentes sur l'État, au porteur.

Cent mille écus devaient être employés à acquérir, au nom de Jeanne Caillouët, le domaine de Thil-Châtel, alors en vente et situé, sur les bords de la Loire, à trois quarts de lieue environ du château de Vezay.

Les deux cent mille francs restants seraient, d'après la volonté du donataire, remis à la jeune fille quand elle aurait atteint l'âge de dix-huit ans, époque fixée également pour sa prise de possession du domaine de Thil-Châtel.

Jusque-là, les intérêts de la somme entière, représentés par le revenu des terres et les dividendes des rentes sur l'État, devaient être, en tout ou en partie, employés pour le mieux des intérêts de Jeanne Caillouët, ainsi que le déciderait un tuteur nommé par les soins du notaire.

Tout ceci fut religieusement accompli.

Seulement, à partir du jour où l'on apprit dans le pensionnat que la petite Jeanne était propriétaire d'une belle fortune dont elle jouirait à dix-huit ans, elle devint l'enfant gâtée de la maison.

On lui passa tout, et on l'éleva dans cette idée que chacun de ses désirs était un ordre et ne pouvait manquer d'être réalisé sur-le-champ.

Nous n'avons pas besoin d'analyser les résultats d'un semblable éducation, ils se devinent.

Jeanne étudia quand elle voulut et ce qu'elle voulut.

Si elle ne resta point ignorante, c'est qu'il y avait en elle une soif de *savoir* qui la poussait à apprendre.

Elle lut beaucoup. Elle lut de bons et de mauvais livres, des romans surtout, qui exaltèrent outre mesure son imagination déjà vive.

Et qu'on ne s'y trompe pas, quand nous parlons ainsi, nous ne voulons point dire que Jeanne perdit la virginité de son âme.

Loin de là.

La jeune fille, au contraire, resta chaste. Elle rêvait de violentes amours, des passions sans fin, des jalousies, des vengeances.

Mais en toutes ces extravagances tant désirées, l'âme seule devait être en jeu.

Jeanne ne se doutait même pas du rôle réservé au corps dans ces héroïques galanteries dont elle raffolait.

C'était là de la belle et bonne folie !..., soit, nous ne disons pas le contraire.

Mais cette folie, dans les jeunes têtes, est plus commune qu'on ne le pense.

Jeanne atteignit sa dix-huitième année.

Son tuteur et son notaire lui rendirent des comptes.

Elle prit possession, avec une joie d'enfant, de son joli domaine de Thil-Châtel, moitié ferme et moitié manoir.

Elle se grisa de cet air vif et pur des campagnes de Touraine, dont elle avait été si longtemps sevrée.

Elle se jeta à corps perdu dans les plus innocentes extravagances.

Son rêve ardent, son ambition caressée, étaient de devenir une héroïne de roman ; elle ne négligea rien de ce qui la pouvait conduire à ce but enviable.

Elle se fit chasseresse et cavalière.

On la rencontrait seule, un fusil sur l'épaule, dans la plaine et dans la forêt.

Elle eut un petit cheval breton, noir comme la nuit, vif comme la poudre, secouant sa longue crinière sur ses yeux brillants et farouches.

Black-Nick (le diable noir), ainsi s'appelait le poney, méchant comme un démon pour tout le monde, était doux comme un agneau avec Jeanne.

Il obéissait à sa voix et la suivait partout comme un chien.

Or, dans ses chasses et dans ses cavalcades, la jeune fille cherchait le héros encore inconnu de son roman d'amour ; elle le cherchait sans le trouver...

Elle le demandait à tous les échos d'alentour, mais les échos ne répondaient pas.

Et pourtant Jeanne était jeune, elle était belle, elle était riche...

Vingt amoureux auraient dû se presser autour d'elle.

Pourquoi donc cette solitude ?

Pourquoi ? Nous allons le dire.

Les gentilshommes du pays n'oubliaient point que la jeune reine de Thil-Châtel était la fille de Caillouët le garde-chasse disparu ; mais ce n'est pas tout, et cette fortune mystérieuse et inexpliquée, venue on ne sait d'où, les éloignait plus encore que leur origine roturière.

Quant aux fils de bourgeois riches, la beauté et les vingt-cinq mille livres de rente de Jeanne Caillouët n'auraient point manqué de les séduire ; mais les libres allures et l'esprit aventureux de la jeune fille les épouvantaient.

Et la solitude continuait autour de Jeanne.

La romanesque enfant commençait à s'ennuyer outre mesure et se demandait avec découragement si l'amour existait ailleurs que dans les livres qu'elle avait lus.

Hélas ! le moment approchait où l'amour, comme ce dieu des temps antiques dont un impie niait la réalité, allait répondre par un coup de tonnerre.

Mais l'heure n'est pas encore venue de dire qui Jeanne devait aimer.

Mademoiselle Caillouët n'était point reçue au château de Vezay.

Le comte pensait, et avec raison, qu'il avait rempli son devoir vis-à-vis de Jeanne en lui restituant la fortune de sa mère, mais il n'aurait pu se résoudre à voir la fille de Marguerite devenir l'amie de Madeleine.

La ressemblance frappante de Jeanne avec la comtesse lui aurait rappelé, d'ailleurs, de trop pénibles souvenirs.

Nicaise, ce petit bohémien vagabond que nous avons laissé enfant, n'avait que fort peu grandi, mais il avait vieilli.

Son existence de gueux et de lazzarone lui devenant lourde, il s'était décidé à rompre avec sa paresse originelle.
On le disait en train de faire fortune.

Sept ou huit fois par an, il venait passer quelques jours à Vezay ou à Thil-Châtel avec une balle de colporteur sur le dos.

Cette balle renfermait le plus merveilleux assortiment de tout ce qui peut tenter et satisfaire les désirs villageois.

Il y avait, pour les coquettes : des dentelles de laine et de coton, des mouchoirs de cou à belles raies, des fichus imitant la soie, des croix de chrysocale, avec un cœur pareil, suspendus à des rubans de velours noir ; des bagues d'argent, de cuivre et de plomb, de fort jolis miroirs et des peignes de corne.

Pour les vieillards et les ex-soldats : des tabatières en tôle vernie avec sujet représentant Napoléon sur la colonne, des complaintes, *le Juif-Errant*, *Fualdès* et quelques autres *encore* plus modernes, des lithographies figurant l'histoire si populaire des *braves lanciers polonais*, accompagnées de couplets dans le goût de celui-ci :

> Napoléon, l'âme attendrie,
> Leur dit dans ces cruels moments :
> « Retournez dans votre patrie,
> « Amis je vous rends vos serments ! » *(bis.)*
> Il croyait, dans son triste asile
> N'être suivi *que de* Français...
> Mais il retrouva dans son île ⎱ *bis.*
> De braves lanciers polonais !!! ⎰
> Encor des lanciers polonais !...
> Toujours des lanciers polonais !...

Pour les jeunes gens : des mouchoirs de poche estampés de couleurs criardes, de belles *épinglettes* de cravate, en laiton argenté, à *flot* rouge, d'excellents petits couteaux et les chansons de Béranger.

Pour les enfants : des sifflets, des *eustaches*, des toupies, des *images* à trois pour un sou.

Pour tout le monde, enfin : le *véritable Matthieu Laensberg* et le *Grand Messager boiteux de Strasbourg*, almanach historique, moral et récréatif, imprimé chez F. Leroux, rue des Hallebardes, 39, et donnant, outre des indications météorologiques infiniment curieuses, le tableau de toutes les foires pour chaque jour de l'année, dans chaque commune de France.

On devine si Nicaise et sa balle, l'un portant l'autre, étaient attendus avec impatience à Vezay et reçus avec enthousiasme.

Ajoutons que, pour témoigner sa reconnaissance à ce village de Vezay, qui l'avait recueilli jadis et nourri du pain de l'aumône, il ne manquait jamais, en arrivant, d'abaisser le tarif de ses prix ; ce qui mettait chacun des objets contenus dans sa balle à un bon marché véritablement fabuleux, et, comme disent certaines réclames parisiennes : *à la portée de toutes les bourses*.

Du reste, dans ses tournées sur les bords de la Loire, Nicaise ne s'arrêtait point seulement à Vezay, nous l'avons déjà dit.

Depuis que Jeanne Caillouët habitait Thil-Châtel, il ne manquait pas de séjourner dans ce dernier hameau, où l'attirait d'ailleurs un motif tout particulier et dont nous parlerons plus tard.

Là, il faisait d'excellentes affaires.

Jeanne s'était prise de grande affection pour le colporteur, à qui sa petite taille, ses jambes en fuseau et ses bras maigres donnaient l'air d'un vieil enfant.

Elle s'amusait de cette verve bouffonne qu'il tenait de ses parents les bohémiens, et elle se plaisait à lui faire raconter les anecdotes recueillies dans ses pérégrinations et la chronique de tout le pays.

Nicaise recevait dans la cuisine du petit château une hospitalité qu'il pouvait, à bon droit, traiter de fastueuse.

Amplement nourri, largement abreuvé, il trouvait un placement facile et sûr de ses marchandises, car Jeanne prenait volontiers l'habitude de lui acheter en bloc ce qui restait dans sa balle, et distribuait ces mille et un objets entre ses domestiques, ses servantes, ses laboureurs, ses fermiers et leurs enfants.

Les habitants du village eux-mêmes avaient part, s'ils le souhaitaient, aux largesses de la jeune châtelaine.

Nicaise ne pouvait comprendre comment cette belle demoiselle, si élégante et si riche, qui avait un château et des valets, était la fille de ce garde-chasse Caillouët de qui il avait reçu les trois premiers écus qu'il eût possédés... et de cette pauvre Suzanne, à la mort de laquelle il avait assisté vingt ans auparavant.

Tout ceci faisait à Nicaise l'effet d'un conte de fées.

Il ne pouvait nier ce qu'il voyait, mais au fond il n'y croyait guère.

Pour charmer les ennuis de ses longues marches solitaires, Nicaise avait adopté un compagnon.

Ce compagnon était un chien.

Ce chien était un caniche.

Nicaise l'avait recueilli, tout petit, abandonné, et vagissant dans un fossé comme un enfant.

— C'est pourtant comme ça qu'on m'a trouvé dans le temps, moi aussi, se dit le colporteur.

Et, touché par cette fortuite ressemblance de situation, il emporta le chien, lui donna du lait, et lui arrangea dans le haut de sa balle une sorte de petit nid bien chaud.

L'animal grandit.

Lorsque son poil long et doux commença à moutonner, Nicaise l'appela *Frison*.

Frison devint un bel animal, intelligent, fidèle.

Il n'aimait rien au monde autant que son maître, et se serait fait tuer en le défendant, comme ces chiens héroïques et célèbres qui ont eu leur historien.

II

UN HOMME DE MAUVAISE MINE.

Ainsi que nous l'avons dit dans un précédent chapitre, on était au commencement du mois de septembre de l'année 1840.

Il était sept heures du soir et la journée avait été chaude.

Le soleil venait de se coucher dans des nuages que ses derniers rayons teignaient d'opale, de pourpre et d'or.

Une sorte de vapeur lumineuse s'élevait des eaux tièdes de la Loire. Tout, dans la nature, s'enveloppait d'harmonie et de parfums : les troupeaux secouaient leur clochette en revenant du pâturage, l'insecte bourdonnait sous l'herbe avant de s'endormir, les oiseaux caquetaient dans le feuillage en sentant approcher l'heure du sommeil, les calices des fleurs dégageaient des odeurs suaves et pénétrantes.

C'était une radieuse soirée après un beau jour.

Un colporteur, petit et frêle comme un enfant de quinze ans, et dont cependant les reins ne pliaient guère sous la lourde charge d'une énorme balle, suivait d'une allure gaillarde un chemin creux, parallèle au cours de la Loire, fort encaissée en cet endroit entre ses rives escarpées.

Ce chemin creux n'avait pas d'horizon, mais il était charmant.

Il décrivait de pittoresques sinuosités entre deux talus gazonnés que couronnaient de grands et beaux arbres dont le feuillage épais avait victorieusement combattu la trop grande chaleur du jour.

A travers ces arbres, on distinguait cette brume lumineuse dont nous parlions il n'y a qu'un instant, et qui indiquait le cours du fleuve.

On entendait retentir par intervalles les cris joyeux, les appels et les chansons des *mariniers* de la Loire, conduisant leurs pesantes *charayonnes*, ou guidant leurs *gabarres*, leurs *futreaux*, leurs *pyards*, et leurs *chalans* (1).

Le colporteur marchait d'un pas égal et rapide.

Il tenait de la main droite un bâton noueux, ferré du bout, et qu'une lanière de cuir attachait autour de son bras.

Avec l'extrémité de ce bâton, il s'amusait à faucher les petites branches qui s'égaraient à sa portée.

A côté de lui, tantôt en avant, tantôt en arrière, courait, marchait, gambadait, un beau et grand caniche blanc, ayant une tache noire sur l'oreille droite.

Ce caniche était manifestement joyeux.

Sans doute il se réjouissait de l'approche d'un endroit connu et aimé.

Il bondissait sur les talus.

Il cabriolait comme un chevreau.

Il poussait de petits aboiements sans cause apparente, irrécusables indices d'une véritable ivresse.

Après tous ces sauts, tous ces bonds, toutes ces folies, il revenait invariablement auprès de son maître, fixant sur lui

(1) Noms des différents bateaux en usage sur la Loire.

son œil bon et tendre, et quêtant une caresse que le colporteur lui octroyait sans conteste de la main gauche.

On a déjà reconnu le maître et le chien.

L'un était *Nicaise.*

L'autre *Frison.*

Tandis que Frison folâtrait, ainsi que nous venons de le dire, Nicaise chantait.

Il disait, sur un air monotone, un de ces airs tourangeaux, tantôt lents, tantôt précipités outre mesure, les couplets naïfs d'une chanson villageoise que, de Tours à Angers, les échos du fleuve d'or répètent mille fois par jour.

La voix de Nicaise était agréable et bien timbrée.

Ecoutée d'un peu loin et apportant sa note vague au grand concert des harmonies de la nature, la chanson du colporteur ne faisait vraiment point mauvais effet.

En voici le premier couplet. Nicaise accompagnait chaque *lon la* d'un vigoureux coup de bâton sur le gazon du talus :

Il est une bergère
Qui va
Le soir sur la fougère !
Lon la !...
Prenez garde, ma chère,
Oh! la!...
La lune est bien claire,
Lon la !
La lune est bien claire !...

Nicaise s'interrompit.

Il fit ce mouvement d'épaules habituel aux colporteurs, et dont le but est de replacer la balle mieux en équilibre sur le dos.

Il donna une caresse à Frison, qui, après une course folle, venait solliciter un geste amical de son maître en touchant sa main pendante du bout de son museau rose.

Puis il reprit :

Il est une meunière
Par là,
Accorte et point trop fière,
Lon la !...
On dit son cœur de pierre,
Ah ! bah !
Je ne le crois guère !
Lon la !...
Je ne le crois guère !...

Nicaise écarta du pied deux ou trois cailloux ronds qui se trouvaient au milieu du chemin.

Il fit pirouetter son bâton ferré, ni plus ni moins qu'un bâtonniste de profession.

Et ce tour de force et d'adresse accompli, il continua :

Il est une meunière,
Là-bas,
Tout près de la clairière,
Lon la !...
Qui jette la barrière
En bas !...
L'amour est derrière,
Lon la !...
L'amour est derrière !...

Sans doute Nicaise allait entamer le cinquième couplet, (la chanson dont nous venons de donner un échantillon n'en a pas moins d'une quarantaine, comme les complaintes villageoises et comme les *scies d'ateliers*), mais il en fut empêché par un événement imprévu.

Le chemin creux faisait un coude et tournait brusquement à angle droit.

On ne pouvait voir devant soi à plus de dix ou douze pas.

Frison, qui, selon sa coutume, courait en avant et allait tourner s'arrêta.

Il poussa un grognement sourd, bien différent de ses petits aboiements joyeux, et il revint auprès de son maître en tournant la tête en arrière et en grondant toujours.

Peut-être, à onze heures du soir et dans un bois, Nicaise eût-il ressenti quelque inquiétude.

Mais, en plein jour et dans ce joli sentier verdoyant, le moyen de croire à la possibilité d'un péril quelconque ?

D'ailleurs, Nicaise, nous le savons depuis longtemps, n'était point, malgré sa petite taille, d'un naturel timide.

— Eh bien ! Frison ? demanda-t-il en riant à son chien, eh bien ! gros toutou, qu'est-ce qu'il y a ? et pourquoi donc que nous montrons comme ça nos *quenottes* ?...

Le caniche répondit par une sorte de hurlement.

— Est-ce que nous deviendrions capon, par hasard ? poursuivit le colporteur, ça serait, ma foi, du joli !... Allons, Frison, apporte, tout de suite !...

Docile à la voix de son maître, le chien s'élança, malgré sa frayeur instinctive.

A peine avait-il dépassé l'angle du chemin creux, que ses aboiements devinrent violents et furieux.

En même temps Nicaise tournait.

Il aperçut, à une vingtaine de pas environ, un homme qui semblait de haute taille, assis ou plutôt couché le long du talus auquel il s'adossait.

Des branchages très-épais se croisant au-dessus de cet endroit interceptaient les clartés du jour, qui d'ailleurs diminuait rapidement, et ne permettaient pas à Nicaise de se rendre bien compte de l'apparence de cet individu.

Il vit seulement que cet homme agitait son bâton d'une manière menaçante, sans doute afin d'effrayer le caniche.

Ce but, du reste, était complètement manqué.

Les mouvements du bâton contribuaient pour beaucoup à la furieuse colère de Frison.

— Hé ! colporteur ! cria l'inconnu d'une voix rauque, appelez votre chien, ou je lui casse les reins...

— Vous ne lui casserez rien du tout, mon brave ! répondit Nicaise ; avant que vous lui ayez touché seulement le bout de la queue, il vous aurait avalé tout cru... Du reste, ne le menacez pas, et il ne vous fera point de mal...

— Rappelez-le toujours...

— S'il vous agace, ça m'est égal... on a vu des particuliers qui n'aimaient pas les chiens et qui ne pouvaient pas souffrir les caniches... Je vous ferai cependant observer que celui-ci est blanc, avec une tache noire sur l'oreille droite, ce qui est remarquablement joli, et ne permettaient pas à Nicaise de suite, mon toutou !... vous voyez bien que vous épouvantez le monde !...

Frison obéit et vint se placer derrière son maître, mais toujours inquiet, toujours grondant, les yeux allumés et les crocs découverts.

— Ma foi, dit Nicaise en riant, si vous n'aimez pas les chiens, il faut convenir qu'ils vous le rendent bien, ces animaux !... c'est de la sympathie dans l'antipathie, ça !... c'est très-drôle !...

Tout en parlant ainsi, le colporteur avait franchi la distance qui le séparait de l'inconnu, devant lequel il s'était arrêté.

Un regard jeté sur cet homme expliqua facilement à Nicaise l'instinctive répulsion de l'intelligent caniche.

Peut-être l'individu en question n'avait-il que soixante-cinq ou soixante-six ans, mais il était complétement impossible d'assigner un âge fixe à son visage flétri, dévasté, avachi, hideux.

Un chapeau défoncé, posé sur le gazon, ne cachait point en ce moment l'effroyable nudité du crâne.

Ce crâne, pelé par endroits comme un vieux manchon, portait une étrange végétation capillaire.

C'étaient des cheveux ou plutôt des crins, mélangés de rouge et de gris, rares, durs, hérissés et taillés en brosse.

Les stigmates cuivrés des plus honteuses maladies couvraient le front tout entier et mélaient d'horribles cicatrices à ses rides profondes.

La figure était allongée.

Les traits, jadis, avaient dû être très-marqués ; mais on peut dire sans exagération que véritablement ces traits n'existaient plus.

Pétris, fondus, écrasés, ils offraient un chaos sans nom, quelque chose d'étrange et d'horrible où se retrouvait à peine le visage humain, ce chef-d'œuvre de Dieu qui le fit à son image.

Plus de sourcils.

A la place qu'ils avaient occupée, une excroissance rougeâtre.

Des yeux vitreux, atones, sans regard, recouverts d'une peau flasque par en haut, laissant voir, par en bas, une paupière retournée et sanglante.

De chaque côté du visage, une chair molle et ridée pendait comme les bajoues d'un singe.

Les cartilages du nez avaient été tronqués par ces mêmes maladies honteuses dont le front portait les traces.

Ce que nous pouvons faire de mieux, c'est assurément de nous abstenir de toute description en parlant de la bouche.

D'après le reste, on la devine.

Disons seulement que le tuyau noir d'une courte pipe, dite *brûle-gueule*, avait creusé son trou entre les deux seules dents qui restaient à cette bouche.

Une barbe grise et rouge, que le rasoir n'avait pas touchée depuis près d'un mois, couvrait toute la partie inférieure de la figure.

Un morceau d'étoffe jadis noire, tordue en corde, remplissait l'office de cravate autour d'un long cou d'une teinte de brique, plus ridé, plus rugueux, plus horrible que celui d'un dindon.

L'individu en question, nous le répétons, était adossé au talus.

Ses longues jambes étendues en avant barraient en quelque sorte le chemin creux.

Son costume et son apparence étaient en parfaite harmonie. Il portait une blouse bleue, déchirée du haut, effilée du bas. Cette blouse retombait sur un vieux pantalon rouge, défroque vendue par quelque soldat déserteur ou libéré du service.

De larges pièces, brunes et carrées, remplaçaient à l'endroit des genoux le drap primitif.

L'étranger dédaignait absolument le luxe des chaussettes et des bas. Son pantalon, relevé par hasard jusqu'à mi-jambe, laissait voir, un peu au-dessus de l'une des chevilles, un cercle étroit, bleuâtre et livide.

Les pieds étaient chaussés de souliers à fortes semelles constellées de clous énormes.

L'inconnu tenait de la main droite ce lourd bâton avec lequel il venait de menacer le caniche du colporteur.

— Ah ! sacrebleu ! pensa Nicaise, voilà un paroissien qui ne paye pas de mine !... S'il avait seulement dix ans de moins, et pour deux liards de force de plus, je ne lui confierais point ma balle.

— Eh bien ! mon brave, demanda-t-il ensuite tout haut, qu'est-ce que vous faites donc là, comme ça ?...

— Je fais ce que je veux, répondit l'étranger de sa voix rauque et dure. J'imagine que dans ce pays-ci on est le maître de se reposer.

— Parfaitement ! répliqua Nicaise ; la place où vous êtes n'est pas plus à moi qu'à vous, je ne suis pas gendarme pour vous demander vos papiers, et j'aurais passé sans m'arrêter si vous n'aviez pas eu des difficultés avec Frison...

Le chien entendit que son maître le nommait, il poussa un grondement sourd.

— Allons ! taisons-nous ! lui dit Nicaise, taisons-nous, vilain toutou !... Ma parole d'honneur, je ne l'ai jamais vu comme ça !...

Puis, s'adressant à l'étranger, il reprit :

— Nous passons notre chemin, Frison et moi... Bonjour, mon brave, reposez-vous bien...

Et, portant légèrement la main à son chapeau, il se mit en devoir de continuer sa route.

— Un moment donc ! lui dit l'homme de mauvaise mine, en l'arrêtant du geste.

— Est-ce que vous me voulez quelque chose ?

— Oui.

— Alors, qu'est-ce qu'il y a pour votre service ?

— Si vous êtes charitable avec le pauvre monde, vous me donnerez bien un peu de feu pour rallumer ma pipe...

— Du feu ? Dame ! ça ne se refuse point...

Nicaise battit aussitôt le briquet et présenta à l'étranger un morceau d'amadou enflammé.

— Merci, grommela ce dernier, en aspirant une énorme bouffée de fumée.

— Vous faut-il autre chose ?... Allez, ne vous gênez pas...

L'étranger avait avisé au côté du colporteur une petite gourde, faite d'une noix de coco creusée.

— Est-ce que c'est de l'eau-de-vie que vous avez là dedans ? fit-il.

— Oui.

— Pourrait-on en avoir quelques gouttes ?... En payant, bien entendu.

— Je vous en donnerai bien, ma foi, une gorgée tout entière, et sans payer, mais je ne sais dans quoi vous verser...

— Je boirai à même la gourde.

Nicaise fit un mouvement de dégoût qu'il s'efforça de réprimer.

— Oh ! répliqua-t-il ensuite, pour ce qui est de la propreté, je suis comme une chatte, il n'y a que mon bec qui touche à ma gourde... mais, attendez, j'ai une idée...

Le colporteur portait sous sa blouse un petit sac de toile, rempli de coquillages communs qu'on lui donnait dans les villages maritimes de Vendée et de Bretagne, et qu'il distribuait aux enfants dans les fermes de la Touraine et de l'Anjou.

Il ouvrit ce sac et il en tira une large et profonde coquille de saint Jacques.

— Voilà votre affaire, dit-il, vous boirez comme un dieu dans cette tasse-là !...

Et il versa dans la coquille une rasade d'eau-de-vie que le vieillard avala d'un trait avec une volupté manifeste.

— Ah ! murmura-t-il ensuite, ça fait du bien ! mes vieilles jambes n'avaient plus la force de porter mon pauvre corps... Vous êtes un bon diable, l'homme à la balle, vous valez mieux que votre chien.

— Merci ! dit Nicaise en riant, je vous sais gré de l'intention et du compliment, quoique Frison soit une fameuse bête ! Et maintenant, comme j'ai encore un bon bout de chemin à faire, et que je veux arriver avant la nuit, bonsoir, mon brave...

III

LE COMPAGNON DE ROUTE.

Nicaise fit un pas en avant.

L'inconnu l'arrêta de nouveau, se coiffa de son chapeau sans fond, s'appuya d'une main sur le talus gazonné, et, grâce à un violent effort, parvint à se remettre sur ses pieds.

Debout, il semblait encore plus grand qu'assis.

Sa maigreur était prodigieuse, ses épaules se voûtaient légèrement, il paraissait extrêmement faible et ses longues jambes flageolaient sous lui.

A le voir ainsi, chancelant et s'appuyant sur son bâton pour ne pas tomber, on lui eût donné quatre-vingt-dix ans.

— A ce qu'il paraît, dit Nicaise, vous êtes assez reposé comme ça ?...

— Oui, je vais du même côté que vous, nous ferons un bout de route ensemble.

Les lèvres du colporteur dessinèrent une moue prononcée.

La société de l'affreux vieillard ne lui semblait point désirable.

Mais il réfléchit bien vite que, quand même il aurait affaire à un bandit, ce bandit ne pourrait être dangereux pour lui. D'abord Nicaise était plus fort que cet homme décrépit et chancelant, et puis il y avait Frison qui n'en aurait pas fait deux bouchées.

Le colporteur se contenta donc de répondre :

— J'imagine, mon brave, que nous n'irons pas loin côte à côte...

— Et pourquoi donc ?

— Je marche trois fois plus vite que vous au moins...

— Vous croyez ça ?

— Dame !... il me semble...

— Parce que vous ne me connaissez pas... les jambes ne valent rien, c'est vrai, mais elles sont longues ; je suis comme les vieux chevaux roidis... en sortant de l'écurie ils vont tout d'une pièce et n'avancent pas mais, une fois échauffés, ils valent les jeunes... dans cinq minutes, quand j'ouvrirai mon compas, c'est peut-être vous qui aurez de la peine à me suivre...

— Tiens ! je suis curieux de voir ça !... s'écria Nicaise.

— Eh bien ! vous le verrez.

— Alors, marchons !...

Le colporteur se mit en route avec le vieillard. Ce dernier semblait à Nicaise s'être fait singulièrement illusion sur les ressources que pouvaient offrir les os soudés et les muscles racornis de ses jambes.

Chacun de ses mouvements était lent et difficile comme ceux d'un paralytique.

De plus, il tirait notablement la jambe droite, celle précisément dont la cheville était cerclée d'une empreinte livide.

On sait que l'habitude de traîner la lourde chaîne et le boulet du bagne donne aux forçats ce tic nerveux qui dure autant que leur existence.

Mais Nicaise n'était point outre mesure observateur.

Il n'avait pas remarqué l'empreinte bleuâtre ; le tic nerveux n'attira pas davantage son attention.

Seulement, il tira sa montre d'argent, ronde dans tous les sens, et il se dit, en la regardant :

— Voici deux minutes que nous sommes en route... dans trois minutes je lâcherai le bonhomme ! Dieu me pardonne !... il va d'un train à faire une lieue à la journée !...

L'inconnu, cependant, ne s'était point vanté.

Avant l'expiration du terme fixé pour lui, ses articulations ankylosées avaient repris leur élasticité d'autrefois.

Il ne restait plus trace de roideur, et, pour nous servir de son expression, il ouvrait et fermait avec une rapidité sur-

prenante le compas de ses longues jambes qui semblaient dévorer l'espace.
— Diable !... diable !... s'écria Nicaise en se mettant, mais non sans peine, au niveau de ce pas gigantesque, comme vous allez, vous... une fois lancé... diable !... diable !...

La voix rauque de l'inconnu prit une expression ironique pour demander :
— Voulez-vous que je ralentisse ?
— Non pas ! quand je devrais courir à me couper la respiration, je suivrai...

Il est de fait, néanmoins, que le vieillard avait quelque peu hâté sa marche par bravade, et qu'il ne tarda point à reprendre une allure plus raisonnable.

La conversation s'engagea.
— Est-ce que vous venez de bien loin ? demanda Nicaise.
— Je viens du côté de Bordeaux, répondit l'inconnu.
— Vous n'êtes pas de ce pays-ci ?
— Non... mais j'y ai passé autrefois, et j'y ai connu du monde.
— A Tours, peut-être ?...
— Non, dans la campagne... dans un village qui s'appelle Vezay...
— Ah bah ! s'écria Nicaise.

Le vieillard attacha sur le colporteur le regard vitreux de ses yeux aux paupières rouges.

Puis il dit :
— Est-ce que vous connaissez cet endroit-là ?
— Si je le connais ! mais je crois bien que je le connais !... j'en suis.

Le vieillard tressaillit.
— Vous êtes de Vezay ? murmura-t-il.
— Né natif, ou à peu près...
— Comment, à peu près ?
— Oh ! je me comprends... Ça veut dire que je ne pourrais pas dire au juste si c'est précisément à Vezay *que j'ai reçu le jour*, comme ça se chante dans les chansons, mais que c'est là qu'on m'a récolté dans un fossé. Je suis un enfant trouvé, mon brave, je me suis fait ma position à soi seul...
— Vous vous appelez ?
— Nicaise. Demandez-moi pourquoi... je ne vous le dirai pas, car je l'ignore le mieux du monde.

Le vieillard aurait changé de couleur, si la chose eût été possible avec un épiderme pareil au sien.
— Nicaise ! répéta-t-il.
— Est-ce que vous connaissez ce nom-là ?
— Je l'entends pour la première fois.
— C'est qu'il semblait vous faire un effet... tout drôle.
— Vous vous trompez, monsieur Nicaise...
— Dame !... j'avais cru voir... Et combien y a-t-il de temps que vous avez passé à Vezay, sans vous commander ?
— Vingt-quatre ou vingt-cinq ans.
— Ça n'est pas d'hier ! Il y a vingt-cinq ans, j'étais un gamin pas plus haut que ma botte... et quoique je sois bien petit aujourd'hui, je ne me serais pas venu au genou... Et qui donc que vous aviez pour ami par là ?
— Un domestique du château.
— C'est tous mes camarades, les domestiques du château... celui-là y est peut-être encore et je pourrais vous en donner des nouvelles... Qu'est-ce qu'il faisait et comment l'appeliez-vous ?
— Il était garde-chasse et s'appelait Caillouët.

Nicaise frappa dans ses mains.
— Ah ! bien, par exemple, s'écria-t-il, en voilà un hasard !... Qui est-ce qui m'aurait dit ce matin que je m'entendrais parler ce soir de ce pauvre brave homme de Caillouët !
— Vous le connaissez ?...
— C'est-à-dire que je le connaissais, et beaucoup. C'est lui qui m'a donné mes trois premiers écus de cinq francs. J'appelais ça *trois cents sous !* Ah ! dame ! ils ont fait des petits depuis ce temps-là, les trois cents sous...
— Eh bien ! Caillouët vit-il encore et est-il toujours au service du comte... du comte ?...
— De Vezay ? acheva Nicaise.
— Justement.
— Celui-là qui vous dirait si Caillouët vit encore serait, ma foi, bien habile...
— Pourquoi donc ?
— Parce qu'il a disparu un beau soir, il y a vingt ans, et parce que, depuis ce temps-là, personne n'a plus entendu parler de lui.
— Vraiment ?...

— Mon Dieu, oui.
— Disparu !... mais pour quel motif ?
— On ne l'a jamais su.
— On n'a rien supposé ?
— Rien.
— Voilà qui me fâche, je pensais le retrouver...
— N'y comptez plus.
— Était-il marié, à l'époque dont vous parlez ?
— Oui.
— Qu'est-ce que sa femme est devenue ?

Nicaise ne répondit pas tout de suite.
Il commença par essuyer les coins de ses yeux avec la manche de sa veste.
— Sa femme... dit-il ensuite d'un ton dolent, pauvre Suzanne !... elle est morte.

Un tremblement de muscles de la face se manifesta chez le vieillard.
Mais ce tremblement fut court.
— Ah ! elle est morte !... répéta-t-il.
— C'est comme je vous le dis... et ça prouve que ce n'est pas la jeunesse et la beauté qui nous empêchent de mourir... Pauvre Suzanne !...
— Combien y a-t-il de temps de cela ?
— Vingt ans, juste le lendemain du départ de Caillouët. Je m'en souviens, voyez-vous, aussi bien que si c'était d'hier... j'étais là, dans la chaumière, j'ai vu la pauvre femme trépasser et j'ai entendu le premier cri de son enfant qui venait de naître...
— Son enfant ? demanda le vieillard.
— Oui, une jolie petite fille.
— Morte aussi sans doute, depuis lors ?...
— Ah ! pour ça, nenni !
— La petite fille a vécu ?
— Vécu, et grandi, et embelli !... elle est aujourd'hui, parole d'honneur, belle et brillante comme le soleil.
— Que fait-elle ?
— Mais rien du tout,... c'est une *demoiselle*, elle vit de ses rentes...
— La fille de Caillouët ? Qu'est-ce que vous me dites donc là ?...
— Ah ! dame ! ça n'est pas naturel, mais c'est comme ça ! Serait-il surpris, ce pauvre brave homme de Caillouët, s'il revenait aujourd'hui, de trouver sa fille dans un château et riche à millions ! serait-il surpris et content ! Dieu de Dieu ! le serait-il !
— Un château !... des millions !... vous moquez-vous de moi, colporteur ?
— Ma foi, je n'ai garde, et, puisqu'il faut vous mettre les points sur les i, je vous dirai que mademoiselle Jeanne Caillouët est propriétaire du domaine et du château de Thil-Châtel, à deux petites lieues d'ici, et si vous continuez à être incrédule comme un vrai saint Thomas, j'ajouterai que c'est justement à Thil-Châtel que je vais, justement aussi chez mademoiselle Jeanne Caillouët, qui m'achètera sans marchander tout ce qu'il y a dans ma balle, et que rien ne vous empêchera de voir par vos propres yeux si je vous dis la vérité.
— C'est un conte de fées ! murmura le vieillard.
— Dame ! ça y ressemble.
— Cette fortune, comment est-elle arrivée à la fille du garde-chasse ?
— Par héritage.
— Quel héritage ?
— On ne sait pas. Ça est venu pendant que mademoiselle Jeanne était en pension à Paris pour s'y former aux belles manières ; il y a longtemps qu'elle a fait cet héritage, c'est tout au plus si la petiote avait neuf ou dix ans.

Le compagnon de route de Nicaise s'absorba dans un long silence.

Pendant ce temps, le colporteur, voyant la conversation interrompue, se mit à fredonner, pour s'entretenir la voix :

> Il est une meunière
>   Par là !....
> Accorte et point trop fière,
>   Lon la !...
> On dit son cœur de pierre...
>   Ah bah !...
> Je ne le crois guère,
>   Lon la !...
> Je ne le crois guère.

Au moment où Nicaise exécutait, sur la reprise du dernier vers, une fioriture qui lui semblait brillante, l'homme

de mauvaise mine releva la tête et rentra dans l'entretien par cette question :
— Et M. de Vezay?...
— M. le comte de Vezay, répéta le colporteur, eh bien?
— Il n'a pas quitté le pays, lui?
— Ma foi non.
— Il doit être vieux?
— Pas beaucoup plus de soixante ans, je crois, mais cassé, cassé... Il ne chasse presque plus, et ne peut plus du tout monter à cheval...
— Quand je connaissais Caillouët, le comte n'avait point d'enfant... en a-t-il eu depuis?
— Oui.
— Garçon ou fille?
— Une fille, mamzelle Madeleine... un bel et bon ange du bon Dieu... Ah! pour une bonne demoiselle, on peut dire qu'en voilà une!...
— Son père l'aime-t-il?
— Quelle drôle de question vous me faites donc là, mon brave!
— Enfin, répondez-y.
— S'il l'aime!... et comment ne l'aimerait-il pas? il serait donc le seul dans tout le pays. S'il l'aime! Oui, il l'aime, et à l'adoration encore, vous en pouvez jurer!...
— Ah! fit simplement le vieillard.
— On dirait que ça vous étonne.
— Moi? et pourquoi donc? C'est naturel qu'un père aime sa fille, je pense...
— Surtout quand c'est une fille comme celle-là!... Le mari de mamzelle Madeleine, en voilà un homme qui sera heureux!
— Son mari?...
— Je veux dire son futur... mais c'est tout comme... le mariage va se faire, si même il n'est déjà fait; ce qui est, ma foi, possible, car voilà bientôt quatre mois que je ne suis venu par ici, et en quatre mois il passe de l'eau sous le pont...
— Et quel est ce mari ou ce futur?
— Un jeune homme des environs, un gentilhomme propriétaire, un solide gaillard! c'est bien planté, c'est franc, c'est pas fier! Vrai comme je m'appelle Nicaise, il mérite son bonheur!
— Vous ne m'avez pas dit son nom, reprit le vieillard.
— C'est juste! Eh bien! le futur de mamzelle Madeleine s'appelle le vicomte de Villedieu.
Cette fois, ce ne fut point par une exclamation sourde, par un geste ou par un tressaillement que l'inconnu manifesta sa surprise.
Un véritable cri de stupeur s'échappa de sa poitrine.
Nicaise le regarda avec étonnement.
— Qu'est-ce qui vous prend donc? demanda-t-il. Est-ce que vous êtes sujet à ces accès-là?
— J'ai mal entendu, murmura le vieillard; quel nom avez-vous prononcé?
— Celui du jeune vicomte Lucien de Villedieu.
— Le fils d'un M. Armand de Villedieu qui était l'ami du comte de Vezay?
— Lui-même. Son père s'est noyé dans la Loire, il y a vingt ans, par une nuit d'orage où le tonnerre grondait si fort que je m'en souviens toujours et que mes oreilles tintent encore quand j'y pense...
— Et vous dites que le fils de ce M. de Villedieu épouse la fille du comte de Vezay?...
— Mais oui, je le dis...
— Et vous êtes bien sûr de ne pas vous tromper?
— Parfaitement sûr.
— Et le comte de Vezay consent à ce mariage?...
— Non-seulement il y consent, mais il le désire plus que tout au monde...
Le vieillard secoua la tête.
Puis il murmura :
— C'est impossible!...
— Impossible! répéta Nicaise.
— Oui.
— Et pourquoi?
Le vieillard ne répondit pas et s'absorba de nouveau dans un profond silence.
Ce silence ennuyait probablement le colporteur, qui le rompit en disant :
— Une seule chose aurait pu faire, peut-être, manquer le mariage; mais cela n'a rien fait, et d'ailleurs ce n'est qu'un *on dit*.
— Une chose? demanda vivement le vieillard en dardant sur Nicaise un nouveau et long regard de ses yeux ternes, une chose... laquelle?...
— La grande passion de mamzelle Jeanne Caillouët pour le vicomte Lucien...
— Ah! fit l'inconnu, Jeanne Caillouët aime le vicomte de Villedieu?...
— Dame! on en parlait beaucoup... C'était un bruit qui courait dans tout le pays que mademoiselle Jeanne raffolait de M. Lucien, et que, là où il était, on était certain de la voir arriver bien vite...
— On disait cela?
— Et il paraît que c'était la vérité. Or, comme mamzelle Jeanne est une belle fille, aussi bien que mamzelle Madeleine, et aussi riche, sinon davantage, il aurait bien pu se faire que M. Lucien en devînt amoureux... mais ça n'est pas arrivé.
— Ainsi, le jeune vicomte a dédaigné l'amour de mademoiselle Caillouët?
— Il paraîtrait qu'il a fait semblant de ne pas même s'en apercevoir... Ça se comprend, quand on idolâtre une personne, on ne peut pas en écouter une autre, ni lui en conter, à moins d'être un trompeur, un volage, un freluquet, un libertin, un suborneur, un mauvais sujet, un enjôleur de filles; M. Lucien n'est rien de tout cela...
— Jeanne Caillouët sait-elle que Madeleine de Vezay est sa rivale?...
— Comment ne le saurait-elle pas, puisque je vous répète que les bans vont être publiés, s'ils ne le sont pas encore...
— Alors, elle doit la haïr de tout son cœur...
— Elle ne me l'a pas dit, mais c'est probable...
— C'est à Thil-Châtel que demeure Jeanne Caillouët?
— Oui, au château.
— C'est là que vous vous arrêterez?
— Oui.
— Combien avons-nous encore d'ici là?
— Deux petites lieues. En marchant du train dont nous allons, c'est l'affaire d'une heure... Passerez-vous la nuit à Thil-Châtel, vous, mon brave?
— Non.
— Jusqu'où irez-vous?
— Je ne sais pas. J'irai tant que mes jambes me le permettront...
— Vous pourrez coucher à Vezay.
— Oui, s'il m'est impossible d'aller plus loin.
— Voulez-vous du tabac pour bourrer votre pipe?
— Merci.
— Vous ne fumez pas maintenant.
— Non.
La conversation s'interrompit de nouveau.
Nicaise chargea sa pipe de terre, l'alluma, et se mit à fumer gravement.
La nuit descendait.
Frison ne grondait plus, mais il avait perdu sa gaîté; il suivait son maître pas à pas, la tête basse, la queue entre les jambes, sans s'écarter ni à droite ni à gauche et sans se livrer à la plus légère gambade.
Le colporteur se sentait envahir par une sorte de tristesse vague et sans cause.
Pour chasser cette mauvaise disposition, il ne trouva rien de mieux que de faire répéter aux échos de la Loire les champêtres couplets de quelqu'une de ces rondes ou chansons villageoises dont il possédait un répertoire véritablement prodigieux.
Entre deux bouffées de tabac, il chanta :

Il était une fille,
Une fille gentille,
Qu'avait trois amoureux!...
C'étaient trois fameux drilles!...
Ell' n'en aimait que deux!...

L'air était lent et monotone, sauf quelques notes aiguës et perçantes.
Ces notes agacèrent sans doute les nerfs impressionnables du caniche.
Il se mit à gémir lamentablement.
— Chut! lui dit Nicaise, silence, Frison!... taisons-nous!... sinon on pensera que vous êtes un vilain toutou, mal élevé et insensible aux douceurs de l'harmonie, et l'on aura raison!
Après cette petite allocution qui calma le caniche, Nicaise aspira deux ou trois gorgées de fumée; puis il reprit :

Un soir, sous la coudrette,
(— Il était tard! —) seulette,

> La bonne fille alla!
> Et c'est là qu'en cachette
> L'troisième la rencontra...

Frison recommença à se plaindre.

Nicaise, en manière de correction paternelle, lui envoya un tres-léger coup de bâton sur l'échine.

Ensuite il continua :

> Je n'sais pas c'qu'à la brune,
> Et par le clair de lune,
> Il lui dit dans le bois,
> Mais d'puis c'temps, la belle brune
> Les aima tous les trois!...

La chanson était-elle finie?

Nicaise allait-il entamer un quatrième couplet, ou allait-il plutôt passer à quelque autre mélodie?

Nous ne savons.

Tandis qu'il battait le briquet pour rallumer sa pipe qui venait de s'éteindre, son compagnon de route, dont la marche depuis un instant s'était sensiblement ralentie, lui dit brusquement :

— Il faut nous quitter...

— Bah! et pourquoi?

— Parce que je m'arrête...

— Pour longtemps?

— Pour toute la nuit.

— Mais il n'y a pas de maison par ici.

— Je dormirai à la belle étoile.

— Quelle idée!...

— Je ne puis faire autrement.

— A cause?

— J'avais trop présumé de la force de mes vieilles jambes, elles sont à bout. Je les sens qui se roidissent de nouveau... elles vont me refuser le service...

— Venez jusqu'à Thil-Châtel.

— Impossible, à présent du moins; si dans une heure ou deux je me trouve un peu reposé, je me remettrai en route. Indiquez-moi à Thil-Châtel un petit cabaret quelconque, où, en payant, on me donnera un morceau de pain, un verre de vin, et une botte de paille dans l'écurie...

Entre gens de la basse classe, une heure de conversation suffit pour faire naître une sorte d'intimité.

Rien que pour avoir échangé avec lui quelques paroles, Nicaise s'intéressait presque à son compagnon de route.

D'ailleurs, l'obscurité croissante ne permettait plus de distinguer son visage, et l'impression produite sur le colporteur par sa laideur épouvantable et sinistre s'effaçait peu à peu.

— Ecoutez, mon brave, dit-il, vous feriez mieux de prendre votre courage à deux mains et de pousser avec moi jusqu'à Thil-Châtel. Nous irons au château de mamzelle Jeanne. Je prends sur moi de vous promettre un bon souper à la cuisine et une bonne litière de bon foin bien doux dans la grange, et il ne vous en coûtera pas un sou...

— Je le voudrais, mais je ne peux pas...

— Essayez toujours.

— Je vous répète que les jambes ne vont plus.

— Si vous avaliez un grand coup d'eau-de-vie, ça leur ferait peut-être du bien à ces coquines de jambes...

— Oui, peut-être...

— Nous allons voir...

Nicaise reprit dans un petit sac la coquille de saint Jacques.

Il la remplit d'eau-de-vie, et le vieillard la vida d'un trait comme la première fois.

— Eh bien? demanda le colporteur, maintenant, ça va-t-il?

— Je crois que la force revient un peu.

— Alors, en marche et vivement!

IV

THIL-CHATEL.

Une heure se passa, durant laquelle les deux compagnons de route n'échangèrent que des paroles insignifiantes, ou même n'en échangèrent pas du tout.

Le vieillard, dont effectivement les forces étaient revenues, grâce peut-être à la libation d'eau-de-vie, traînait fort gaillardement sa jambe droite et marchait aussi vite que Nicaise.

Frison suivait en trottinant et ne s'égayait point.

Le chemin, devenu légèrement montueux, atteignit le sommet d'une petite éminence.

De là, on découvrait, à deux ou trois cents pas en avant, une masse sombre tachetée çà et là de quelques points lumineux.

C'était Thil-Châtel.

— Nous arrivons, fit Nicaise.

— Il était temps, répondit l'homme à la voix rauque.

— Bah! vous allez vous reposer.

— Est-ce que, décidément, vous me menez avec vous au château?...

— Puisque c'est convenu.

— Etes-vous sûr, au moins, que je ne serai pas mal reçu?...

— Vous y pouvez compter, répliqua Nicaise en se rengorgeant; je suis bien vu de tout le monde dans la maison.

— Vous, oui, mais moi?

— Vous m'accompagnez, et ça suffit.

— C'est que, voyez-vous, plutôt que de déranger, j'aimerais mieux aller au cabaret en payant.

— Encore une fois, je vous répète d'être tranquille... vous ne dérangerez personne, et nous arriverions vingt-cinq qu'il y aurait encore de la place... d'ailleurs, s'il n'y en avait plus on en ferait... Tiennette est dans ma manche...

— Qu'est-ce que c'est que Tiennette?

— La femme de chambre de mamzelle Jeanne, une bien jolie fille, allez! elle ne chante jamais que les chansons que je lui apporte, et ne se fait belle qu'avec des rubans sortis de ma balle... Ses parents ont du bien au soleil à Angeville, de l'autre côté de la Loire... Ça ne m'étonnerait pas beaucoup que Tiennette devînt un jour ou l'autre madame Nicaise, de même...

Le vieillard ne fit plus aucune objection.

Les premières maisons du village avaient été dépassées.

Le colporteur et son compagnon s'arrêtèrent devant une haute et large porte de bois, à deux battants.

Dans l'un de ces battants avait été pratiquée une porte plus petite, presque toujours ouverte.

C'était l'entrée principale du manoir de Thil-Châtel.

Ce manoir de Thil-Châtel, nous l'avons dit en un des chapitres qui précèdent, était moitié château et moitié ferme.

Expliquons-nous.

Une rapide esquisse fera comprendre de nos lecteurs.

Cette grande porte, dont nous parlions il n'y a qu'un instant, donnait accès dans un très-vaste enclos gazonné, planté d'arbres fruitiers et coupé par une demi-douzaine d'allées droites, dont une, la plus large de toutes, conduisait de la porte d'entrée au vestibule du château.

Le château était un pavillon de moyenne grandeur et de forme élégante, construit en briques et couvert en ardoises.

Les angles, les encadrements des portes et des fenêtres, les cordons de chaque étage, les corniches et les mansardes, en pierre blanche vermiculée, tranchaient de la façon la plus heureuse sur le ton rouge de la brique.

A gauche, se trouvaient les communs, remises, écuries, sellerie, etc.

A droite, une grande et belle ferme, avec ses bâtiments et dépendances, ses étables, ses hangars à mettre les charrues et autres instruments aratoires, ses greniers à fourrage, enfin, tout ce qui constitue une exploitation agricole sur une large échelle.

Ferme et château ne faisaient qu'un, comme on le voit; domestiques et laboureurs vivaient dans une entente cordiale et prenaient leurs repas en commun dans la grande salle.

Derrière le pavillon aristocratique, se trouvait un jardin à la française, selon l'ancienne mode des élèves de *Le Nôtre*.

Rien n'y manquait, ni les allées alignées symétriquement, avec leurs petites bordures de buis, ni les boulingrins, ni les quinconces, ni les bassins pleins d'une eau dormante, ni les statues mythologiques, debout sur leurs piédestaux de pierre polie, ni les ifs taillés en parasol, en boule, en pyramide, etc., etc.

Derrière le jardin à la française, s'alignait une sextuple et magnifique rangée de tilleuls séculaires, formant la plus délicieuse promenade qu'il fût possible d'imaginer.

Enfin, après les tilleuls, venait le parc, composé de bois, de prairies, de terres labourables; le tout enveloppé de murs ou de haies.

Nous avons oublié de mentionner que le pavillon se trouvait assis sur la partie la plus élevée du terrain et que, non-seulement depuis les fenêtres du premier étage, mais encore depuis celles du rez-de-chaussée, on avait sous les yeux l'admirable paysage de la vallée de la Loire.

Ne nous occupons point, quant à présent, des aménagements intérieurs du château proprement dit.

Nous y reviendrons quand il le faudra, si la chose nous paraît utile.

Ce que nous venons de décrire, Nicaise le connaissait. Quant à son compagnon de route, à moins que d'anciens souvenirs ne vinssent à son aide, l'obscurité ne devait point lui permettre de se rendre compte des localités.

Tous deux arrivèrent à la petite porte pratiquée dans la grande.

Comme de coutume, elle était ouverte.

Le colporteur et le vieillard entrèrent dans l'enclos.

Un grand et beau chien, de la race dite des *chiens de berger*, fauve, avec des raies plus sombres sur les côtes, se précipita à leur rencontre, le poil hérissé, en aboyant furieusement.

— Tout beau, *Grivet!*... tout beau, mon fils!... lui cria Nicaise.

Le chien de berger reconnut cette voix... ses aboiements cessèrent aussitôt; il accueillit les nouveaux venus d'un frétillement de sa longue queue, et il se mit à faire à Frison, son ancienne connaissance, les avances les plus amicales.

Ajoutons, pour être dans le vrai, que le caniche s'y montra sensible, et pour quelques secondes parut oublier sa mélancolie.

La masse noire du pavillon se détachait à peine sur le ciel, dans l'obscurité.

Une seule lumière brillait à l'une des fenêtres du premier étage.

Mais, en revanche, une clarté vive s'échappait de la porte ouverte de la maison de ferme.

C'est de ce côté que Nicaise se dirigea avec son compagnon.

La grande salle, puisque c'est ainsi qu'on appelait la vaste pièce où les domestiques du château et les hôtes de la ferme prenaient leur repas en commun, n'offrait de remarquable qu'une cheminée gigantesque dans laquelle on aurait pu brûler un arbre tout entier, et une table de bois de chêne qui devait au besoin réunir sans peine cinquante convives à la fois.

En septembre, les journées sont chaudes, mais les soirées sont fraîches.

Pour parer à cette fraîcheur, on brûlait des *bourrées* dans la cheminée monumentale, et c'est de là que venait cette vive lueur qui s'échappait par la porte de la grande salle.

Au moment où Nicaise, qui marchait le premier, parut sur le seuil, on était en train de souper.

Une douzaine de personnes se trouvaient réunies autour de la table et faisaient honneur à une savoureuse soupe aux choux, à une montagne de lard, de pommes de terre et de petit salé, et à une magnifique épaule de mouton, cuite dans son jus, le tout arrosé d'un joli petit vin d'Anjou, brillant et limpide.

Nicaise s'arrêta dans l'encadrement de la porte; il ôta son chapeau pour saluer, et il dit d'un ton jovial :

— Bonsoir à toute la maisonnée!..

On regarda l'arrivant qui s'annonçait ainsi; on le reconnut, et aussitôt vingt exclamations se confondirent et se croisèrent :

— C'est Nicaise!...
— Bonjour, Nicaise!..
— Ce bon Nicaise!...
— Bienvenue au colporteur!...
— Colporteur, voici une écuelle et une assiette... vite à table!...
— Allons, Nicaise, buvons un coup!...
— Y a-t-il assez longtemps qu'on ne vous a vu par ici!...
— Enfin, le voilà, et c'est heureux!...
— Toutes les filles du pays mouraient de chagrin, faute de la balle de Nicaise.
— Plus de fichus rayés!...
— Plus de chansons nouvelles!...

Ceci dit, et bien d'autres choses encore qu'il nous paraît opportun de ne point reproduire.

Cependant une jeune et jolie fille, dont les joues un peu brunes avaient les vives couleurs d'une pomme à cidre, quitta sa place, vint à Nicaise, et lui dit avec un sourire malicieux et provoquant :

— Vot'servante, m'sieu l'colporteur... Qu'est-ce que vous m'apportez de neuf?...

— Des rubans, Tiennette, ma mie, répondit tout haut Nicaise en faisant mine de se pencher pour embrasser la jolie fille, qui se recula vivement, mais non sans coquetterie, des rubans, les plus beaux du monde...

Puis, d'un ton plus bas, il ajouta :

— Et mon cœur toujours fidèle...

Tiennette eut un accès de rire éclatant.

— Mauvaise marchandise, je crois, fit-elle ensuite; si ce qu'on m'a dit est vrai, vous l'offrez un peu trop souvent... Ça lui ôte de son prix, savez-vous, m'sieu le colporteur... J'ai grand'peur que vous n'finissiez par n'en plus trouver le placement!...

Tiennette parlait ainsi, d'un ton comiquement railleur.

— Méchante! répliqua Nicaise en la menaçant de son doigt levé.

— Mais entrez donc, dit la jeune fille, pourquoi restez-vous là sur le seuil, moitié dehors, moitié dedans?

Le colporteur allait avancer, quand il ne remarqua un personnage bizarre auquel il n'avait pas fait attention jusque-là.

C'était un vieillard, assis sur une escabelle au coin de la cheminée, présentant ses deux mains à la flamme et se tenant dans l'immobilité la plus absolue.

Cet homme était vêtu d'une blouse de toile blanche en lambeaux et d'un pantalon de même étoffe et dans le même état.

Il avait aux pieds de lourds sabots, à moitié remplis de paille.

La flamme du foyer se réfléchissait comme en un miroir sur la surface polie et luisante de son crâne chauve, d'où tombaient seulement, vers les tempes, de longues mèches de cheveux blancs en désordre.

Sa figure était blanche, d'une blancheur terne et mate, sous laquelle on eût dit qu'il n'y avait point de sang. Sa barbe de patriarche, à reflets argentés, couvrait sa poitrine.

Sa lèvre inférieure pendait, hébétée.

Ses yeux fixes et troubles étaient sans regard.

— Qu'est-ce que c'est que ce gas-là? demanda curieusement et à demi-voix Nicaise à Tiennette.

— Ne faites pas attention à lui, répondit la jeune fille, c'est l'idiot...

— L'idiot?...

— Oui, je vous expliquerai ça plus tard...

— Il n'est pas beau, savez-vous, votre idiot!...

— Ah! le pauvre diable, je crois bien!...

— Avec l'individu que j'amène, il fera la paire.

— Vous amenez donc quelqu'un, m'sieu Nicaise?

— Un vilain chrétien, allez!

— Où est-il?

— Derrière moi, vous allez le voir.

Et le colporteur s'avança dans la grande salle pour laisser son compagnon de route entrer à son tour.

V

LE SOUPER.

Nicaise démasquant la porte, le vieillard qui l'accompagnait put entrer dans la grande salle.

Il le fit en saluant bien bas, et d'un air d'hypocrite humilité.

A son aspect, il y eut parmi les hôtes de la ferme un mouvement général de répulsion et presque d'effroi, mouvement bien vite comprimé, mais cependant manifeste, et qui n'échappa point au vieillard.

— Je n'ai pas demandé à venir ici, murmura-t-il de sa voix rauque, et le colporteur que voici est là pour le dire... Si je vous fais peur, mes braves gens, vous n'avez qu'à parler, je m'en vais...

— Non, non, répondirent deux ou trois voix, c'est Nicaise qui vous amène, soyez le bienvenu, les amis de Nicaise sont nos amis ..

En même temps, une des servantes de la ferme plaça au bout de la table une écuelle pleine de soupe, une assiette chargée de lard et de pommes de terre, un gobelet rempli de vin et un énorme quartier de pain bis.

— V'là vot'couvert qu'est mis, dit-elle; si vous avez faim et soif, mangez et buvez, mon brave homme.

Le vieillard ne se fit pas répéter deux fois cette invitation.

Il alla s'asseoir à la place qu'on lui indiquait, et il se mit à manger, ou plutôt à dévorer avidement, sans prononcer une seule parole.

— Ah! Dieu de Dieu! dit Tiennette à demi-voix, de façon à n'être entendue que du colporteur, vous aviez raison, Nicaise, c'est un bien vilain oiseau que votre compagnon!...

— Ça, c'est vrai.

— Le fait est qu'auprès de lui notre idiot est un amour!...

— Figurez-vous, Tiennette, que Frison voulait le dévorer...

— Pauvre bête!... Ici, Frison; venez me dire bonsoir tout de suite...

Le caniche quitta de la meilleure grâce du monde un grand plat de terre brune qu'on venait de placer par terre à son intention et dont il dégustait le contenu avec des symptômes de gourmande allégresse.

Il appuya ses deux pattes de devant sur l'un des bras de Tiennette et il lécha avec effusion les joues brunes et rosées de la jolie fille.

— Est-il heureux, ce toutou!... murmura Nicaise d'un ton envieux, plus heureux qu'un chrétien!... parole d'honneur!...

— Bon! s'écria Tiennette en riant, ne va-t-il pas être jaloux de ce pauvre Frison, à cette heure?...

— Mais, dame!...

Le caniche obtint la permission de retourner à son souper, et Nicaise reprit son sang-froid.

— J'en reviens à ce que nous disions tout à l'heure, reprit la jeune femme de chambre de Jeanne Caillouët, comment donc que ça se fait, m'sieu Nicaise, que vous ayez des camarades de si vilaine mine?...

— Ah! bien, par exemple! mais ça n'est pas mon camarade!...

— Enfin, vous le connaissez, cet homme?

— Ni d'Ève ni d'Adam.

— Cependant, puisqu'il est venu avec vous...

— Par l'effet du pur hasard... voici comment, lui et moi, nous nous sommes rencontrés...

Et Nicaise raconta à Tiennette les particularités que nous avons rapportées dans nos chapitres antérieurs.

— Eh bien! répliqua la jolie fille quand le colporteur eut achevé, vous avez fait là un joli coup!...

— Pourquoi donc ça?

— Les chiens ont de l'instinct plus que les gens, fallait vous en rapporter à Frison... il a l'air d'un vrai brigand, cet homme-là!... je suis sûre qu'il va nous couper le cou à tous cette nuit... D'abord, moi je mourrai de peur, je vous en préviens...

Nicaise se mit à rire.

— Mais puisque je vous ai expliqué, fit-il ensuite, que quand le pauvre diable s'était reposé pendant une demi-heure, il était roide comme un piquet et ne pouvait plus remuer ni pied ni patte...

— Faut pas s'y fier...

— Alors, quand il aura soupé, je vas lui donner une pièce de dix sous et lui dire de s'en aller...

— Où ira-t-il?

— Ça le regarde.

— Après ça, malgré sa mine, il est peut-être honnête... Faut point courir le risque d'humilier un brave homme et de le mettre dans l'embarras...

— Alors, que faire?

— J'ai une idée.

— Voyons votre idée, Tiennette?

— On le mettra coucher dans la petite étable qui n'a qu'une porte, et, quand il y sera, on donnera un tour de clef en dehors, comme par mégarde. S'il ne cherche pas à sortir cette nuit, il ne s'apercevra seulement pas qu'il est enfermé...

— Ah! mon Dieu, mon Dieu, Tiennette, que vous avez donc d'esprit, ma fille!...

Ce compliment ajouta une nuance de plus au vif carmin des joues de la jolie brune.

— Avec tout ça, dit-elle ensuite, vous restez là, votre balle sur le dos, et vous ne soupez pas...

— J'aime mieux causer avec vous que de souper.

— Vous n'avez peut-être pas faim?...

— Ah! si fait, par exemple!...

— Alors, dépêchez-vous, afin de rattraper les autres...

Le colporteur se débarrassa de sa balle, qu'il plaça dans l'un des angles de la grande salle; il se mit à table et travailla vigoureusement à réparer le temps perdu.

Une fois le premier appétit apaisé, Nicaise se donna un grand coup de poing dans le front.

— Ah! bien! s'écria-t-il, je suis encore poli, moi, je peux m'en vanter!...

— Qu'est-ce que vous avez donc fait? demanda Tiennette.

— J'ai fait que je suis chez les gens, je mange leur pain, je bois leur vin et je ne m'informe seulement pas de leur santé... Comment se porte mamzelle Jeanne?...

Le joli visage de Tiennette s'assombrit quelque peu et elle secoua mélancoliquement la tête.

— J'espère bien qu'elle n'est pas malade, au moins? reprit le jeune homme.

— Non... répondit Tiennette, non... elle n'est pas malade... mais...

— Mais quoi?...

— Enfin, suffit! Vous la trouverez joliment changée, notre demoiselle, mon pauvre Nicaise... elle ne rira plus avec vous comme elle faisait...

— Est-ce qu'elle m'en veut de quelque chose, par hasard?... avec ça, sans le savoir, je l'aurais offensée?...

— Vous ne l'avez pas offensée et elle ne vous en veut de rien... mais elle ne rit plus avec personne...

— Alors, elle est triste?...

— Oui, bien triste...

— Mais à cause?...

— Ah! dame!... à cause... il y a des raisons, bien sûr, mais ça n'est pas la peine de les répéter...

Nicaise comprit que Tiennette ne voulait point parler devant tout le monde.

Il n'insista pas.

Le souper continua silencieusement.

L'idiot, toujours assis à côté du foyer, dans cet état d'immobilité absolue qui, avec sa blouse blanche et son visage incolore, le faisait ressembler à une statue de plâtre, présentait ses mains à la flamme.

Soudain, il se fit un mouvement dans la grande salle.

Tous les convives se levèrent à la fois et deux ou trois voix murmurèrent :

— Mamzelle...

Jeanne Caillouët venait en effet de paraître sur le seuil et s'avançait vers le milieu de la pièce, lentement et d'un air rêveur.

La jeune fille était vêtue d'une robe de laine brune, taillée en amazone, et qui dessinait les formes fines et délicates d'une taille souple et cambrée, un peu trop mince peut-être.

Ses cheveux blonds, débouclés par l'humidité du soir, tombaient en longues mèches de chaque côté de son charmant visage dont les fraîches couleurs avaient disparu et qui n'offrait plus qu'une pâleur uniforme et pour ainsi dire nacrée.

Le contour si pur des paupières était légèrement rougi et fatigué, comme si des larmes venaient de s'échapper de ces beaux yeux.

Le regard de mademoiselle Caillouët et l'involontaire contraction des coins de sa bouche décelaient une vive souffrance intérieure, une profonde amertume dont on s'étonnait de trouver les traces sur ce jeune et beau visage.

— Asseyez-vous, mes amis, dit Jeanne en essayant de sourire, je viens voir si vous avez fini de souper...

— Pas encore tout à fait, mamzelle, répondit Tiennette. Ah! dame! nous sommes un peu en retard, c'est vrai; mais c'est que Nicaise est arrivé comme nous nous mettions à table...

Le colporteur, ainsi mis en jeu, s'avança et salua la maîtresse du logis.

— Bonjour, Nicaise, lui dit Jeanne, vous voilà donc dans ce pays-ci... Je suis bien aise de vous voir...

— Vous êtes bien bonne, mamzelle Jeanne... je suis bien content aussi de ce que vous vous portez toujours bien... car vous vous portez bien, n'est-ce pas, mamzelle Jeanne?...

— Oui, mon ami, oui, le mieux du monde...

— J'ai joliment des affaires dans ma balle, allez, mamzelle, et de jolies...

— Nous verrons tout cela demain.

— Quand vous voudrez, mamzelle, et à votre service...

— Tiennette, dit Jeanne à sa femme de chambre, aussitôt que tu auras fini, tu monteras; j'ai besoin de toi...

— Je monte tout de suite, mamzelle.

— Non, non... finis de souper, rien ne presse... Je vous souhaite le bonsoir à tous...

— Bonsoir, mamzelle, bonsoir et bonne nuit!... répondirent d'une seule voix tous les hôtes de la ferme.

Puis Jeanne sortit de la grande salle, de la même allure lente et triste.

Pendant tout le temps qu'elle avait passé au milieu de ses

serviteurs, un seul personnage n'avait point paru s'apercevoir de sa présence.

Ce personnage était l'idiot, assis sous le manteau de la cheminée.

Mais, en revanche, le compagnon de route de Nicaise avait attaché avec une persistance étrange le regard de ses yeux vitreux sur le visage de la jeune fille.

Cet examen profond et attentif dura aussi longtemps que mademoiselle Caillouët se trouva dans la grande salle.

Quand elle en fut sortie, le vieillard murmura, mais si bas que personne ne put l'entendre :

— Le portrait vivant de la comtesse Marguerite !... Ah! je comprends tout maintenant !...

FIN DU CHAPITRE V.

Par 4. — Imp. de BRY aîné, boulevart Montparnasse, 84.

BIBLIOTHÈQUE DES ROMANS

Sous le titre général de BIBLIOTHÈQUE DES ROMANS, il paraît une intéressante collection d'Œuvres littéraires dues à la plume des meilleurs romanciers. Cette nouvelle Bibliothèque, — dont chaque brochure séparée est illustrée d'une ou plusieurs jolies gravures dessinées par des artistes en renom, — est imprimée avec un soin particulier. Chaque partie ou volume, du prix uniforme de **50 CENTIMES**, contient la matière de trois ou quatre volumes ordinaires dont la location seule, au cabinet de lecture, coûterait un prix plus élevé. En un mot, c'est le *nec plus ultra* du bon marché et en même temps ce qui a été édité de mieux dans ce genre.

EN VENTE :

LES SOUPERS DU DIRECTOIRE, par JULES DE SAINT-FÉLIX,	50 c.
BERTHE L'AMOUREUSE, par HENRY DE KOCK,	50
LE CONSEILLER D'ÉTAT, par FRÉDÉRIC SOULIÉ,	50
LE COMTE DE TOULOUSE, par FRÉDÉRIC SOULIÉ,	50
LES CHASSEURS DE CHEVELURES, par MAYN-REID,	50
LES FILLES PAUVRES, par ADRIEN PAUL,	
— 1re série, *Nicette*,	50
— 2e série, *Thérésa*,	50
LES QUATRE SŒURS, par FRÉDÉRIC SOULIÉ,	50
HUIT JOURS AU CHATEAU, par FRÉDÉRIC SOULIÉ,	50
LE POETE DE LA REINE, par CLÉMENCE ROBERT,	50
LE CARNAVAL A PARIS, par MÉRY,	50
LE CHATEAU DES SPECTRES, par XAVIER DE MONTÉPIN,	50
LES TROIS FILLES D'HOLYPHERNE, par KAUFMANN,	
— 1re série,	50
— 2e série,	50
UNE AVENTURE GALANTE, par XAVIER DE MONTÉPIN,	50

SOUS PRESSE :

LES MAITRESSES ROYALES, par HENRI MEYER	
— 1re série,	50 c.
— 2e série,	50
L'ENFANT DU PARVIS NOTRE-DAME, par AUGUSTE RICARD,	50
PIAZZETTA LA CHEVRIÈRE, par MAXIMILIEN PERRIN,	50
LA SYRÈNE DE PARIS, par ALPHONSE BROT,	50
LA PLACE DES TERREAUX, par ALPHONSE BROT,	50
UN ROUÉ, par XAVIER DE MONTÉPIN,	
— 1re série,	50
— 2e série,	50
LA STATUE DE LA VIERGE, par AUGUSTE RICARD,	50
LE CHEVALIER DE FLOUSTIGNAC, par ADRIEN PAUL, 2 parties de	50
LES CHEVALIERS DU POIGNARD, par XAVIER DE MONTÉPIN, 2 parties de	50
BLANCHE DE MORTIMER, par ADRIEN PAUL, 2 parties de	50
L'IRRÉSISTIBLE, par XAVIER DE MONTÉPIN,	50

NOUVEAUTÉS A 20 CENTIMES LA LIVRAISON.

Les Amours de Bussy Rabutin, par la comtesse DASH.	1 50
La Tour d'Auvergne, PREMIER GRENADIER DE FRANCE, roman historique	1 10
Les Royales amours, par MAURAGE.	» 70
La Rose d'Ivry, par OCTAVE FÉRÉ.	» 50
Les Mystères de la Saint-Barthélemy, par EUGÈNE MORET.	1 30
Les Vêpres milanaises, par CHARLES DESLYS.	1 10
La Giralda de Séville, par ALBERT BLANQUET.	» 70
La Cour des Miracles, par OCTAVE FÉRÉ.	1 90
Le Paradis des Femmes, par PAUL FÉVAL.	2 70
Miss Mary ou l'Institutrice, par EUGÈNE SUE.	» 90
Le Roi d'Italie, par ALBERT BLANQUET.	1 50
Paul et son Chien, par CH. PAUL DE KOCK.	1 80

Paris. — Typ. Walder, rue Bonaparte, 44

www.ingramcontent.com/pod-product-compliance
Lightning Source LLC
LaVergne TN
LVHW022203080426
835511LV00008B/1549